Proceso sistemático de la administración.

¡Administración de empresas y administración pública con el mismo proceso!

Administración
¿Arte o ciencia?

©Jose Elías Moreno López
elías.moreno9@gmail.com
República mexicana
1ª Edición

Acerca del autor.

Nació en el estado de chiapas el dia 2 de septiembre de 1962. Estudió la secundaria Dr. Rodulfo figueroa Cintalapa Chiapas, preparatoria Gral. Ignacio Zaragoza en Cd. Alemán Veracruz, Ingenieria Industrial ITV Veracruz, Veacruz y Maestría en administración BUAP en Puebla, Puebla. Se desarrolló en la industria privada como Jefe de turno, Coordinador General de Trabajo en equipo, coordinador general del control estadístico del proceso, gerente de operaciones, coordinador regional de operaciones y Gerente General.

La sabiduría es, en sí mismo, la ciencia del resto de las ciencias.
                                              Platon.

Agradecimiento.

A Dios por darme la oportunidad de convivir con todos los que hicieron posible el aprendizaje. A mi familia con todo el amor. A todas las personas, que de una u otra manera, proporcionaron los conocimientos y estímulos para investigar, implementar nuestras ideas y experimentar en la empresa. Agradecimiento a Grupo Modelo, especificamente a la Cía. Cervecera del Trópico de los años 1991 al 2004 dirigida por el Ing. Víctor Samuel Macouzet Ocampo Gerente General. Al CEO de Grupo Modelo Ing. Carlos Fenández González que a partir del año 1993 tomó las riendas y propuso realizar cambio de administración hacia la calidad Total. A Todos los gerentes y jefes de departamento, al síndicato único de cerveceros de Tuxtepec, Oaxaca, a los integrantes de la oficina general de trabajo en equipo, Gilberto Perez Mata, Agustín Moreno García, Jorge Carrera Yescas y Raymundo Tejeda Ojeda que me acompañaron en la aventura de cambiar modelos mentales de abajo hacia arriba. A todas aquellas personas que formaron los círculos de control de calidad y grupos de tabajo y una especial dedicatoria al Grupo de trabajo Evolución que en el año 1999 fueron reconocidos por la Presidencia de la República Mexicana por haber obtenido el primer lugar en el concurso nacional de trabajo en equipo y al Círculo de control de calidad Modelo por obtener reconocimiento al mejor trabajo presentado. ¡Gracias, mil gracias a todos!

Tabla de contenido

1 Interpretación actual de la administración. — 5
2 Análisis situación actual de la administración. — 11
   2.1 Análisis del Marco teórico conceptual. — 12
   2.2 Análisis de estructuras organizacionales. — 23
   2.3 Análisis de asignaturas en la academia. — 30
3 Concepto de ciencia, teoría de conjutos y proceso. — 47
   3.1 Significado de ciencia. — 48
   3.2 Concepto de proceso. — 50
   3.3 Teoría de conjuntos. — 52
4 Proceso administrativo. — 60
   4.1 Planeación. — 62
   4.2 Organización. — 84
   4.3 Dirección. — 92
   4.4 Educación. — 96
   4.5 Integración. — 100
   4.6 Innovación. — 103
   4.7 Control. — 104
5 Conclusiones. — 112

Introducción.

Pensar sin brechas es necesario para construir fuentes del saber.

Platón

Administración ha sido un tema estudiado y analizado desde hace más de 4 mil años, sin embargo, su mayor auge la tuvo a finales de siglo XVIII e inicios del XIX; muchos libros, tesis y escritos han tratado sobre este tema. Las empresas privadas son las que más han buscado implementar iniciativas que les den las ventajas competitivas necesarias para mantenerse activas en el mercado cada vez más complejo. En el ámbito gubernamental, se observaron algunos indicios de iniciativas como administración de la calidad total, ISO 9000, Outsorcing entre muchas más, sin obtener buenos resultados. El presente libro tiene por objetivo ofrecer al lector, el conocimiento de la administración metodológica y sistemática a estudiantes de nivel licenciatura, maestría, doctorado, a empresarios, contadores, directores, gerentes, presidentes municipales, gobernadores, emprendedores y a todas aquellas personas que deseen aplicarla.

¿Por qué un nuevo libro de administración?

Por la experiencia que adquirí en diferentes empresas, la lectura de libros sobre los tratados de la administración general y el haber tenido que volver a la universidad para reaprender administración y aplicarla en la empresa me dio la oportunidad de entender el enfoque que debe dársele. Observé que en las organizaciones privadas y de gobierno se viene aplicando administración conforme a su significado original etimológico "administer". Los escritores de la literatura existente sobre este tema, aún no se ponen de acuerdo si la administración es un arte, teoría, ciencia o práctica. Las universidades en sus licenciaturas y maestrías en administración ofrecen asignaturas enfocadas a entender su historia, así como iniciativas que pueden mejorar la eficiencia y eficacia de las organizaciones; ahora debemos enfocar la enseñanza hacia el proceso para administrar, con la finalidad de que todos tengamos el mismo concepto de aplicación. A partir de esta situación es como me nace la idea de elaborar un libro que cumpla con la necesidad actual que las empresas tanto privadas y de gobierno están demandando. Si continuamos reproduciendo las lecciones ortodoxas de los libros clásicos obtendremos los mismos resultados que hasta el día de hoy se han tenido. Debemos retomar la idea de la administración como una ciencia universal metodológica, cíclica y aplicable a cualquier tipo de empresa, institución u organismo sea público o privado con o sin ánimo de lucro, con principios y reglamentos claros, que esta pueda ser enseñada y sobre todo que sea un solo concepto desde cualquier punto de vista. Actualmente existen muchas definiciones por lo que nuestro objetivo es unir todas las ideas que se han venido exponiendo por los diferentes pensadores con la finalidad de tener una sola definición. Al estandarizar el método, sus principios, reglas y elementos de la administración como ciencia, logramos no depender de una persona que tenga que saber de todo sino solamente ir siguiendo cada uno de los pasos, con la finalidad de lograr la eficiencia y eficacia que tanto han buscado las empresas y los gobiernos en todo el mundo. Cada una de las teorías e iniciativas fueron creadas para evolucionar el concepto de la administración; las diferentes teorías de la administración son muy importantes y debemos analizarlas para aportar nuestras conclusiones, que todos apliquen una sola metodología administrativa, sea enseñada y continuar mejorándola. El libro comprende 5 capítulos: Capítulo 1 Interpretación actual de la administración, Capítulo 2 Análisis de la situación actual de la administración, Capítulo 3 conceptos de ciencia, teoría de conjunto y proceso, Capítulo 4 proceso administrativo y capítulo 5 conclusiones. Esta primera edición se enfoca a entender la problemática y el proceso administrativo para tener un concepto científico de lo que es la administración. En una segunda edición agregaremos la aplicación de las herramientas, el entendimiento de cada una de ellas y en que paso del proceso deben ser utilizadas, como por ejemplo la contabilidad, las finanzas o iniciativas como Benchmarking, gestión de la calidad total, estandarización de procesos, Outsorcing, mapeo de procesos, etc.

1. Interpretación actual de la administración.

El conocimiento nos hará pensar diferente, pensar diferente no llevará a realizar acciones diferentes y realizar acciones diferentes nos dará la oportunidad de lograr el éxito.

JEM

La interpretación de la administración depende del perfil, conocimiento o experiencias, dicho de otra manera, del modelo mental que la persona tenga. La interpretación de un abogado estaría basada en órganos, leyes, reglamentos y decretos, un ingeniero industrial como procesos o metodología, el ingeniero electrónico como sistemas, el psicólogo sobre las relaciones humanas y su comportamiento, etc. En mi experiencia encontré teorías, ideas, sistemas, iniciativas o mejoras interpretadas de acuerdo con lo que cada uno entiende, cada una de esas iniciativas busca mejorar la eficiencia y eficacia de las organizaciones, sin embargo, **tropicalizamos**[1] tanto estas ideas o teorías que se pierde la esencia o espíritu para lo que fueron creadas y terminan siendo un fracaso. Por ejemplo, la implementación de Trabajo en Equipo, 5S+1, ISO9000, administración de la calidad total, gestión de la calidad, Outsorcing, Benchmarking, Lean Manufactury, Balance Score Card, Hoshin Kanri, Kaizen y muchas mas iniciativas que durante los últimos 60 años han querido implementar las organizaciones y muchas de ellas no han podido, sencillamente por la interpretación errónea que se les ha dado o el desinterés de los dueños o directivos de los cuales depende el éxito o fracaso de su implementación.

En el caso de la Administración sucede lo mismo. La interpretación actual se puede entender analizando la estructura organizacional de empresas, llámese de

---

[1] Palabra utilizada cuando se implementa una técnica o iniciativa en una cultura específica empresarial, es decir, éstas no son implementadas de acuerdo con quien las diseñó, se mal interpretan y se aplican de manera errónea.

gobierno, privada, lucrativa, no lucrativa, instituciones educativas, etc., podemos observar que en todas existe un departamento administrativo y dicho departamento, en general, están a cargo de finanzas, contabilidad, servicios generales, informática o sistemas de información, recursos humanos entre otros, de acuerdo a lo que quieren "administrar", es decir, para las empresas, organizaciones o instituciones el concepto de administrar se quedó en "ad minister". Lo anterior hace que la aplicación de la administración sea lineal (no sistémica o sin interrelación entre las partes) y la aplicación de las herramientas que se utilizan en la administración se hace de manera aislada o en desorden.

La academia ofrece licenciaturas, diplomados, maestrías en administración, algunas de las asignaturas que ofrecen son finanzas, contabilidad, planeación, matemáticas financieras, control de producción, estadísticas, "administración del talento", "administración de la producción", "administración de calidad", entre otras de manera aislada como si fueran en su conjunto la "administración". Las universidades llaman a sus campus en esta especialidad "Facultad de Administración y Finanzas" o "Facultad de contaduría y administración". A esto le llamo error de "pleonasmo de conjunto" (Error al repetir un elemento que ya está incluido en otro conjunto), la administración es el "universo" el cual agrupa los elementos, pasos, actividades o etapas del sistema. Por otro lado, los elementos de este "universo" a su vez tiene otros elementos como por ejemplo la contabilidad, herramienta que se usa en una de las fases del proceso administrativo, lo mismo que las finanzas, marketing, informática, etc. Observamos que las escuelas tienen a la administración como el arte de dirigir y controlar los recursos por lo que consideran que la contabilidad y las finanzas son más importantes que la administración misma. Esta situación también se presenta en las empresas, organizaciones o instituciones privadas y de gobierno, para todos ellos la administración es tener control sobre los recursos y no se observa la aplicación sistemática de la Administración como un proceso metodológico. Todas las empresas cuentan con un departamento "administrativo", inclusive existen procesos conocidos como "actas administrativas" o en el gobierno "proceso administrativo" lo cual solo tiene que ver con querer controlar a las personas. La administración pública se complica aún más. Los especialistas en administración pública tratan de entenderla desde el punto de vista de órganos gubernamentales para la aplicación de las leyes, reglamentos y decretos. Se enfocan solamente en la estructura organizacional de dichos órganos funcionales para la aplicación de las leyes. A decir de algunos "la administración pública es otra cosa", inclusive tienen leyes específicas con la finalidad de "Ad ministrare": la ley de planeación, del servicio público, de presupuesto, etc., es decir, todo lo quieren resolver con leyes[2], reglamentos y decretos lo cual hace que la administración pública sea mal aplicada y con cada cambio de gobierno los resultados de eficiencia y eficacia

---

[2] ley orgánica: Ley que se deriva directamente de la Constitución y sirve para su mejor aplicación: la enseñanza pública se rige por una ley orgánica.

menos alcanzables. La Administración se ha interpretado e implementado para cuidar o "controlar" los recursos humanos, financieros y materiales. Para lograrlo aplican contabilidad, control de inventarios, administración de los recursos humanos entre otras, además confunden el control con la coacción.[3] La Administración no está siendo aplicada como una serie de pasos o fases mucho menos de manera "Sistemática". Lo anterior es debido al paradigma actual sobre administración de quienes dirigen dichas empresas o instituciones. Debido a los malos resultados en la administración pública consideran que la administración en empresas privadas es más eficiente que en la administración pública. En realidad, lo que sucede es que los malos resultados se dan por no tener claro la metodología administrativa. Los pasos del proceso administrativo no se aplican o son aplicados de manera no sistémica (asistémica), quienes dirigen no tienen claro cada paso del proceso por lo que su única administración es tratar de llevar la contabilidad, control de inventarios, control de producción, control de los recursos humanos y financieros, entre otros. Todo lo anterior nos da la oportunidad de reeducar en el conocimiento sobre la Administración como proceso metodológico. Debemos retomar la idea que se tuvo hace más de 130 años y direccionar nuevamente esta teoría hacia una Administración Científica, es decir, metodológica, sistémica y aplicable a cualquier tipo de empresa, organización o institución privada o de gobierno y sobre

---

[3] Fuerza o violencia física o psíquica que se ejerce sobre una persona para obligarla a decir o hacer algo contra su voluntad

todo poder aplicar la misma metodología a cualquier tipo de organismo que busca objetivos específicos ya sea una institución educativa, de salud, bomberos, empresa privada, etc., para lograr que estos organismos logren la eficiencia y eficacia para lo que fueron creados. Debemos lograr que la administración evolucione hacia una "administración Científica".

Con la finalidad de sustentar la problemática actual de la administración en el capítulo "2. Análisis de la situación actual de la administración" presentamos el marco teórico conceptual, estructuras organizacionales y asignaturas que se imparten en la academia con respecto a carreras de administración. Analizaremos las definiciones de los diferentes autores para poder entender su aportación, el análisis de las estructuras organizacionales nos debe dejar claro porqué las empresas cuentan con un departamento administrativo y porqué las universidades enseñan herramientas o técnicas y no la metodología administrativa.

2. Análisis situación actual de la administración.

El que por la mañana ha conseguido conocer la verdad, ya puede morir por la tarde.
Confucio

Presento tres aspectos que considero importantes plantearnos:

Teorías conocidas como enfoque clásico, enfoque humanístico, enfoque neoclasico, enfoque sistémico, del comportamiento que desde hace muchos años se han venido analizando y que hasta la actualidad aún son tomados como base del aprendizaje.

Organigramas utilizados por las empresas, los cuales han sido utilizados por las empresas privadas y de gobierno para organizar y delimitar las responsabilidades de las principales funciones de un organismo y,

enlistaremos las **materias o asignaturas** que las universidades utilizan para preparar a profesionistas en administración.

2.1. Análisis del Marco teórico conceptual.

En este apartado presentamos los siguientes temas:

El **contenido de 2 libros** sobre "Teoría General de la administración". Solo mencionaremos los contenidos que, desde mi punto de vista, son los más completos en la enseñanza de la historia de las teorías de la administración.

La **cronología de los principales eventos** y orígenes de la administración, aportaciones a la administración de diferentes autores desde hace muchos años hasta la actualidad.

Definiciones de administración de diferentes autores. Debemos observar la cantidad de definiciones que existen.

Definiciones de **administración por su significado etimológico**. Entender a la dministración desde la raíz de la palabra.

Nuestro afán no es reescribir lo que ya está escrito, más bien, es realizar una propuesta de lo que considero es el proceso o pasos que se deben aplicar para considerar a la administración metodológica y sistemática.

Contenido libros "Teoría General de la administración".

Muchos libros se han escrito sobre "teoría general de la administración", la mayoría de ellos tratan los mismos temas desde el punto de vista histórico. A continuación, enlisto los temas que presentan 2 de los escritores latinos, el PhD Adalberto Chiavenato del año 2000 y el PhD Zacarías Torres del año 2017.

Contenido libros "Teoría General de la administración".

AUTOR "A"4	AUTOR "B"5
Introducciónal estudio de la administración.	Introducción a la teoría general de la administración. La administración y sus perspectivas.
Teoría General de la administración.	Los orígenes de la administración. Antecedentes históricos de la administración.
Enfoque Clásico. Preludio de la administración científica o administración sistemática. Administración científica o escuela tradicional. Teoría clásica de la administración o proceso administrativo.	Enfoque clásico de la administración. La administración científica. Teoría clásica de la administración.
Enfoque humanístico y del comportamiento.	Enfoque humanístico de la administración.

[4] Teoría General de la Administración, Zacarías Torres Hernández, 2017, Editorial pátria, Índice
[5] Introducción a la teoría general de la administración, Chiavenato, 2000, Mc Gran Hill, Índice

Escuela de las relaciones humanas. Escuela behaviorista o neo-humano relacionista y del comportamiento. Desarrollo organizacional.	Teoría de las relaciones humanas. Implicaciones de la teoría de las relaciones humanas.
Enfoque de organizaciones. Teoría de la burocracia. Escuela estructuralista. Escuela matemática. Teoría de sistemas. Teoría de la contingencia	Enfoque neoclásico de la administración. Teoría neoclásica de la administración. Implicaciones del enfoque neoclásico: Tipos de organización. Implicaciones del enfoque neoclásico: departamentalización. Enfoque neoclásico: proceso administrativo. Administración por objetivos (APO)
Propuestas contemporáneas de administración. Autores latinoamericanos y mexicanos El administrador en el mundo actual. Administración de la tecnología.	Estructuralista de la administración. Modelo burocrático de la administración. Teoría estructuralista de la administración.
	Enfoque del comportamiento en la administración. Teoría del comportamiento en la administración. Teoría del desarrollo organizacional (DO).
	Enfoque sistémico de la administración. Cibernética y administración. Teoría matemática de la administración. Teoría de sistemas.
	Enfoque situacional de la administración. Teoría situacional.

Tabla 2.1 Comparación de contenidos entre dos autores.

Conocer las diferentes teorías presentadas a lo largo de muchos años es muy importante para poder sacar nuestras propias conclusiones. Debemos analizar, entender cada una de ellas y lograr que el concepto actual de administración evolucione. Ambos autores son excelentes por el gran contenido de las teorías que ambos presentan.

Podemos leer la extensa existencia de libros, escritos, tesis, revistas sobre administración y encontraremos las mismas teorías, explicaciones, análisis y dudas al respecto. Lo que debemos lograr ahora es unir las partes, es decir, pasar del análisis que ya fue muy bien realizado a la síntesis, uniendo cada uno de los elementos de la administración con la finalidad de verla como un sistema. Es muy importante leer y analizar cada una de esas teorías para conocer y entender, desde puntos de vista diferentes, los elementos que cada pensador fue agregando a lo largo de la historia y poder concluir lo que debe ser la administración vista como sistema.

La teoría clásica, neoclásica, la burocracia, estructuralista, relaciones humanas, comportamiento organizacional, desarrollo organizacional, estructuralista, neo-estructuralista, de la contingencia cada una de estas teorías aportó su punto de vista con la misma finalidad de hacer mas efectivas a las empresas. La administración tuvo sus orígenes hace muchos años, sin embargo, su máximo desarrollo fue de 1900 a la fecha gracias a los ingenieros Frederick Winslow Taylor y Henry Fayol quienes mejoraron la propuesta hacia una administración científica y sistemática con la finalidad de mejorar la eficiencia y eficacia en las organizaciones.

Cronología principales eventos orígenes de la administración.[6]

Los egipcios del año 4000 al 2000 a.c. ya empezaban a reconocer la necesidad de planear, descentralizar la organización, de órdenes escritas y el uso de consultoría

---

[6] Introducción a la teoría general de la administración, Chiavenato, 2000, Mc Gran Hill, pág. 23, existe mucha información en la web.

staff. Hammurabi sexto rey de babilonia en 1800 a.c. hizo uso del control escrito y testimonial, estableció el salario mínimo, reconoció que la responsabilidad no puede transferirse; Hammurabi logró separar la política de la religión. Los hebreos en el año 1491 a.c. forjaron los conceptos de organización, principio escalar y el principio de excepción. En el año 600 a.c. Nabucodonosor acuñó el control de la producción e implementó los incentivos salariales. En el año 500 a.c., el chino Sun Tsu descubre la necesidad de organización, planeación, control y dirección. Mencius en ese mismo año reconoce la necesidad de sistemas y estándares. Sócrates 400 a.c. fue uno de los primeros que habló sobre la importancia de la administración y la selección de personal, sus aportaciones a la administración pública fueron la democracia y gobierno, negocios públicos. Ciro 400 a.c. reconoció la necesidad de las relaciones humanas, Platón en ese mismo año el empleo del estudio de movimientos, distribución física y manejo de materiales. El Romano Catón 175 a.c. usó las descripciones de funciones. El emperador Romano Diocleciano en el año 284 al reorganizar el imperio acuñó el concepto de delegación de autoridad. En el año 1426 en Italia Arsenal de Venecia contabilidad de costos, balances contables, control de inventarios, numeración de inventarios, técnica de línea de montaje, uso de la administración de personal, estandarización de partes, control de inventarios y costos. 1525 Nicolás Maquiavelo el principio de consenso, reconocimiento de la necesidad de cohesión en la organización, enunciado de las cualidades del liderazgo, descripción de tácticas políticas. 1767 sir. James Stuart teoría de la fuente de autoridad, impactó de la automatización, diferenciación entre gerentes y trabajadores basadas en la ventaja de la especialización.

1776 Adam Smith Principio de la especialización de los trabajadores y concepto de control. 1799 Eli Whitney método científico, empleo de la contabilidad de costo, control de calidad y reconocimiento de la amplitud administrativa. 1800 James Watt y Mathew Boulton aportaron procedimientos estandarizados de operación, especificaciones, métodos de trabajo, planeación, incentivo salarial, tiempos estándares, seguros mutuos a los empleados y utilización de la auditoría. 1810 Robert Owen Aplicación de prácticas de personal, entrenamiento de los obreros, planes de vivienda para estos. 1832 Charles Babbage énfasis en el método científico y en la especialización, división del trabajo, estudio de tiempos y movimientos, contabilidad de costos, efectos del color en la eficiencia del obrero.1856 Daniel C. Mc Callum empleo de organigramas para mostrar la estructura organizacional, aplicación de la administración sistémica en los ferrocarriles. 1886 Henry Metcalfe arte y ciencia de la administración. 1900 Frederick W. Taylor Administración científica, necesidad de cooperación entre el trabajador y la gerencia, incrementos salariales, principio de excepción aplicado a la planta de producción, estudio de métodos, estudio de tiempos, énfasis en la investigación, planeación y control.

Fueron muchos escritores que han participado buscando mejorar la aplicación de la administración en la práctica, mencionaré algunos como agradecimiento a la labor que han realizado. Adam Smith, Charles Babbage, Frederick W. Taylor, Harrington Emerson, H. L. Gantt, F. B. Gilbreth, Harrington Emerson, Henry Fayol, Peter F. Drucker, R.M. Barnes. Terry, Koontz and O'Donnell, Adalberto Chiavenato, los mexicanos Zacarías Torres Hernández, Agustín Reyes Ponce, Isaac Guzman Valdivia, José Antonio

Fernández Arena, Francisco Laris Casillas, Fernando Arias Galicias, Manuel Estrada, Miguel Duhalt Krauss, Florencio Rodil Urrego, Francisco Mendoza Trejo, Adalberto Rios Szalay, Andrés Paniagua Aduna, José Galván Escobedo, José Barajas Medina, Guillermo Gómez Ceja, Darvelio Castaño Asmitia.

Lo importante de conocer la historia es para entender, comprender y aprovechar lo que ya se ha escrito, cada uno de los escritores analizó, estudió y aportó su granito de arena con la finalidad de realizar propuestas para que la administración sea fácil de enseñar y aplicar.

Definiciones de administración diferentes autores.[7]

Analicemos como cada uno de los pensadores dio su propia definición, aquí presentamos solo 17, con estas serán suficiente para para poder entender y sacar nuestra propia definición de lo que es administración.

Un proceso mediante el cual recursos humanos, materiales, económicos, de espacio y tiempo no relacionados entre sí, se integran en un sistema para el logro de uno o más objetivos. Mario Martínez Silva.

La coordinación de hombres y recursos materiales para el logro de objetivos administrativos mediante 4 elementos: Dirección de los objetivos, a través de la gente, con técnicas y dentro de una organización. Fremont E. Kast.

Una ciencia compuesta de principios, técnicas, y prácticas cuya aplicación a conjuntos humanos permite establecer sistemas racionales de esfuerzo cooperativo, a través de los cuales se pueden alcanzar propósitos comunes que individualmente no se

---

[7] Teoría General de la Administración, Zacarías Torres Hernández, 2017, Editorial pátria, pág. 31 y Obtenido en la web

pueden lograr en los organismos sociales. Wilburg Jiménez Castro.

Proceso de trabajar con las personas y con los recursos para alcanzar las metas de la organización. T.S. Baterman y S.A, Snell.

La actividad humana encargada de organizar y dirigir el trabajo individual y colectivo efectivo en términos de objetivos predeterminados. Sergio Hernández.

"Es un dispositivo que organiza y realiza la trasformación ordenada de la información, recibe la información del objeto de dirección, la procesa y la transmite bajo la forma necesaria para la gestión, realizando este proceso continuamente". V. Clushkov.

"Es la dirección eficaz de las actividades y la colaboración de otras personas para obtener determinados resultados". Guzmán Valdivia I.

"Es un proceso social que lleva consigo la responsabilidad de planear y regular en forma eficiente las operaciones de una empresa, para lograr un propósito dado". E. F. L. Brech.

Es el arte o técnica de dirigir e inspirar a los demás, con base en un profundo y claro conocimiento de la naturaleza humana". Contrapone esta definición con la que da sobre la organización como: "la técnica de relacionar los deberes o funciones específicas en un todo coordinado". J. D. Mooney.

"Una técnica por medio de la cual se determinan, clarifican y realizan los propósitos y objetivos de un grupo humano particular". Peterson and Plowman.

"la dirección de un organismo social, y su efectividad en alcanzar sus objetivos, fundada en la habilidad de conducir a sus integrantes". Koontz and O'Donnell.

"Consiste en lograr un objetivo predeterminado, mediante el esfuerzo ajeno". G. P. Terry.

"El empleo de la autoridad para organizar, dirigir, y controlar a subordinados responsables (y consiguientemente, a los grupos que ellos comandan), con el fin de que todos los servicios que se prestan sean debidamente coordinados en el logro del fin de la empresa". F. Tannenbaum.

Considerado por muchos como el verdadero padre de la moderna Administración, dice que "administrar es prever, organizar, mandar, coordinar y controlar". Henry Fayol.

"Toda acción encaminada a convertir un propósito en realidad positiva"..."es un ordenamiento sistemático de medios y el uso calculado de recursos aplicados a la realización de un propósito". F. Morstein Marx.

"Es el conjunto de principios y técnicas, con autonomía propia, que permite dirigir y coordinar la actividad de grupos humanos hacia objetivos comunes". F.M. Fernández Escalante.

"Es un conjunto sistemático de reglas para lograr la máxima eficiencia en las formas de estructurar y manejar un organismo social". A. Reyes Ponce.

De lo anterior obtenemos en resumen que administración, de acuerdo con estos autores, tiene muchos significados: Un proceso, es la coordinación, es una ciencia, es la actividad, es un dispositivo, es la dirección, es el arte o técnica, consiste en lograr un objetivo, es el empleo de la autoridad, es {prever, organizar, mandar, coordinar y controlar}, es una acción encaminada a convertir, es el conjunto de principios y técnicas. Con tantas definiciones es lógico que la interpretación de la administración sea de acuerdo con el modelo mental de quien la esté implementando, que aún sigamos sin entender a la administración como una ciencia y en lugar de resolver una duda ahora nos surgen más. No sabemos si es un arte, una práctica, una teoría, una técnica o una ciencia. Es este el problema que deseamos resolver, lograr una sola definición y sobre todo que nos ayude a lograr implementarla en cualquier empresa y nos de los resultados esperados en eficiencia y eficacia.

Definiciones de administración por su significado etimológico.

La palabra administración viene del latín ad (dirección, tendencia) y minister (subordinación u obediencia), y significa cumplimiento de una función bajo el mando de otro. Sin embargo, el significado original de esta palabra sufrió una radical transformación. La tarea actual de la administración es interpretar los objetivos propuestos por la organización y transformarlos en acción organizacional a través de la planeación, organización, dirección y control de todas las actividades realizadas en las áreas y niveles de la empresa, con el fin de alcanzar tales objetivos de la manera más adecuada a la situación. Por lo consiguiente la administración es el proceso de planear, organizar, dirigir y controlar el uso de los recursos para lograr los objetivos.[8]

Es frecuente entre los autores iniciar el estudio del concepto de administración refiriéndose a su significado etimológico, con arreglo al principio tradicional: Initium doctrinae sit consideration ominis. En tal sentido se recuerda que el vocablo proviene del latín, donde se forma con las palabras ad y ministrare, que significa servir, según otros por contracción de ad manustrahere, que implica alusión a la idea de manejo o gestión. Se desprende de lo anterior que administración alude a gestión de asuntos o intereses. También resulta conveniente aludir lo que al respecto señala el diccionario de la lengua española, administración equivale a "acción y efecto de administrar" y por esta se

---

[8] Intr. a la teoría general de la admón., Idalberto Chiavenato, 5ta edición 2000, Mc Graw Hill, pág. 8

entiende, de acuerdo con su primera acepción: Gobernar, ejercer la autoridad o el mando sobre un territorio y sobre las personas que lo habitan. La administración pública puede ser considerada, en cuanto a su concepto, fundamentalmente, desde dos puntos de vista; subjetiva u orgánica substancial, material u objetiva. En el primer sentido se entiende por administración pública un conjunto de órganos, en el segundo una actividad.[9]

El prefijo ad significa dirección, tendencia que se agrega al verbo ministro, ministrare, ministravi, ministratum cuyo significado es servir, suministrar, proporcionar, cumplir, ejecutar. Este verbo a su vez está relacionado con minister, ministri (servidor, criado). Por tanto, puede considerarse como el concepto original de este vocablo es aquel que realiza una función bajo el mando de otro, es decir, aquel que presta un servicio a otro.[10]

La palabra administración se emplea para connotar, por lo menos, lo siguiente: a) una disciplina, teoría o campo de estudio; b) un proceso; c) una función; y d) una ocupación. Naturalmente en cada caso su definición no concuerda exactamente con las otras.[11]

La definición del PhD Adalberto Chiavenato se acerca a nuestra propuesta de lo que debe ser la administración actual como un proceso metodológico,

"La administración es el proceso de planear, organizar, dirigir y controlar el uso de los recursos para lograr los objetivos"[7]

sin embargo, enfoca el proceso hacia el control de los recursos, aún no se deja atrás el concepto "ad minister". El Dr. Justo Nava considera a la administración pública como "acción y efecto de gobernar", ejercer la autoridad o el

---

[9] Curso sobre admón. pública federal, Justo Nava Negrete, 1ª edición 2016, edit. Porrúa, pág. 1
[10] Tomado de la web.
[11] Tratado de admón. General, José Calvan Escobedo, editorial INAP, pág. 25

mando sobre un territorio y sobre las personas que la habitan. La considera desde dos puntos de vista, un conjunto de órganos y una actividad. Como podemos observar, existen en la actualidad muchos que aún siguen interpretando a la administración desde su significado raíz, es controlar los recursos económicos y financieros de personas al servicio de otros.

2.2. Análisis de estructuras organizacionales.

Organigrama 1[12]

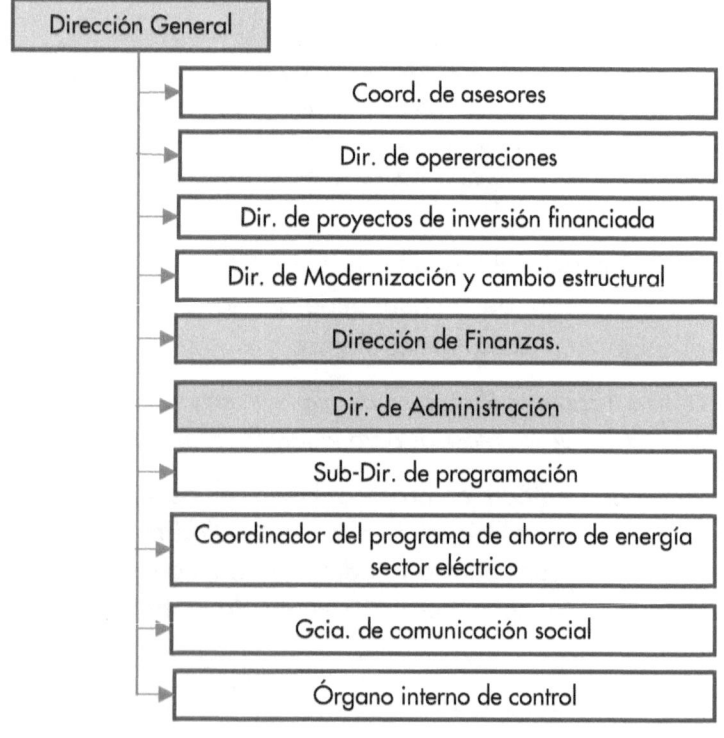

---

[12] Organigrama de la Comisión Federal de Electricidad (CFE) obtenido en la web.

El primer nivel directivo nos muestra que separan las finanzas de la administración, es decir, en su organigrama funcional colocan una dirección de finanzas y una de administración, por lo que el director de administración ya no controla las finanzas lo hace otro director. El segundo nivel analizaremos la dirección de administración:

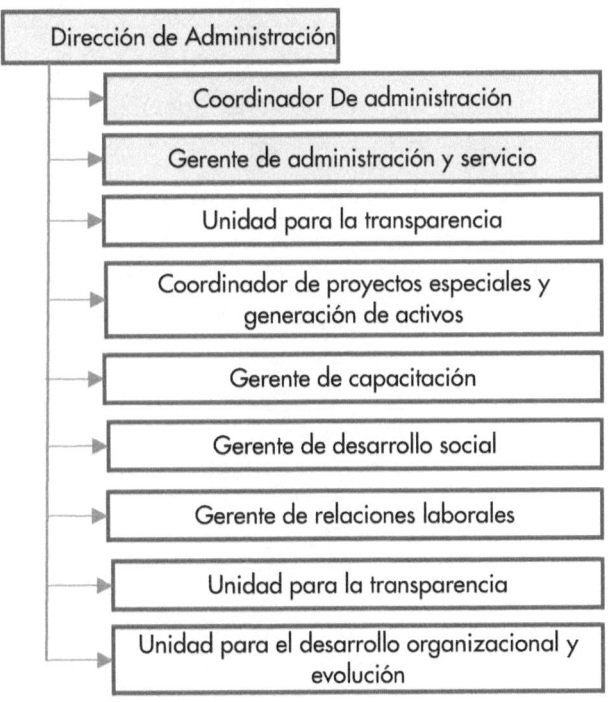

Son 9 áreas funcionales a cargo de la dirección de administración. Observemos como en su organigrama tiene a la coordinación de administración y al gerente de administración y servicios. Veamos el siguiente nivel la coordinacion de administración.

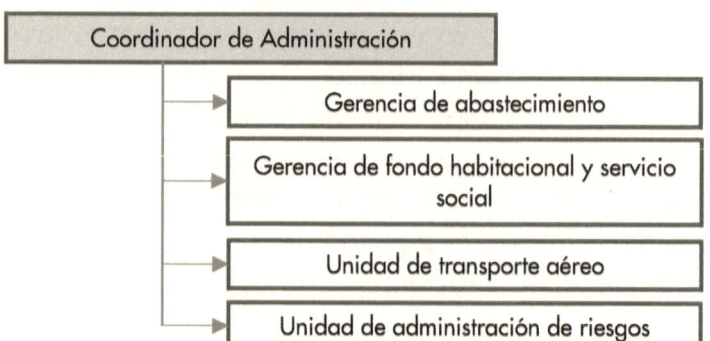

Todo esto nos lleva a que, en esta organización, la administración la ven como una función a cargo de responsabilidades y no como una metodología aplicable, más bien la interpretan para controlar los recursos de la organización, además, dejan las finanzas fuera de la administración como se observa en el primer nivel, esto me hace pensar que existe una total confusión en la aplicación de la administración.

Organigrama 2[13]

En el primer nivel directivo colocan una dirección de finanzas y planeación y una dirección de administración. En los siguientes niveles entenderemos la interpretación que le dan a la administración.

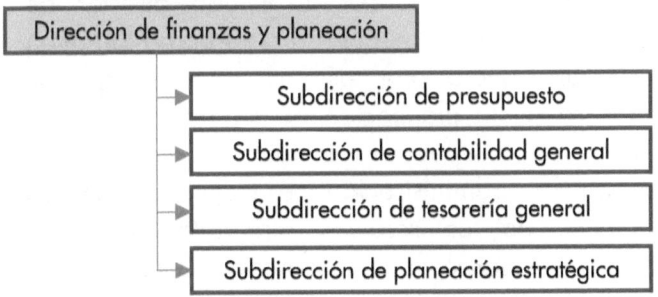

---

[13] Organigrama de LICONSA obtenido en la web.
MANUAL DE ORGANIZACIÓN GENERAL - Liconsa

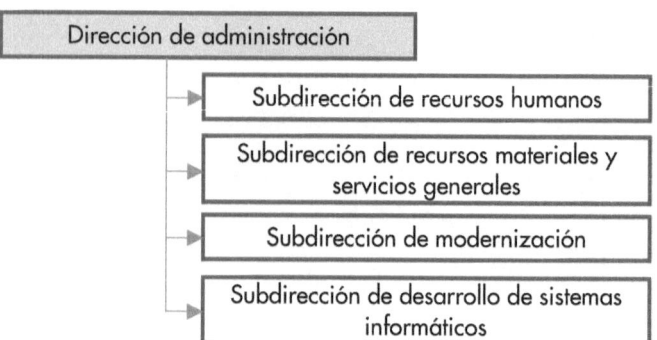

Analizando las funciones, observamos que tanto en el organigrama 1 como en el organigrama 2, aplican administración como áreas funcionales con la finalidad de "controlar" los recursos y las demás áreas no aplican administración. Para estas empresas la administración es controlar los recursos materiales, financiero, humanos y de información. Además, podemos observar en el organigrama 2 que tienen un área funcional llamada Director de finanzas y planeación y otra director de administración. Es posible que este organigrama lo hayan pensado de tal manera que existiera un área que se responsabilizara de la planeación de finanzas para que ellos entreguen los presupuestos a las demás áreas y que la otra dirección de administración se responsabilice del factor humano, de los recursos materiales y de la información, sin embargo, hacerlo de esta manera genera una división entre departamentos. Concluimos que ambas empresas no ven a la administración como un procesos metodológico y sistemático.

Organigrama 3.

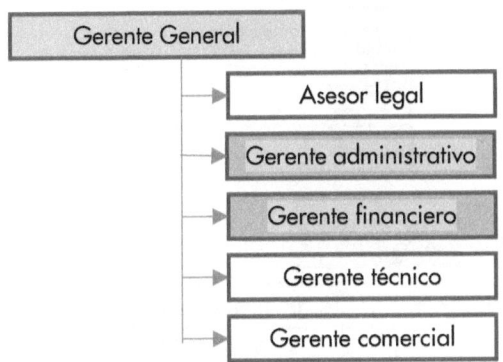

En este organigrama en el primer nivel directivo, cuentan con dos áreas funcionales, Gerente administrativo y gerente financiero. A continuación desglosamos las cuatro áreas para poder entender más este organigrama.

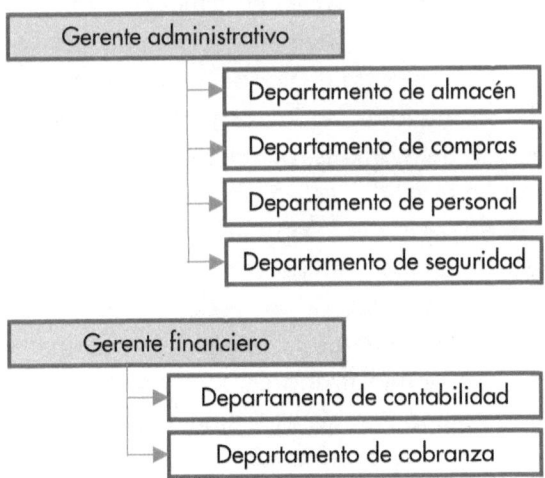

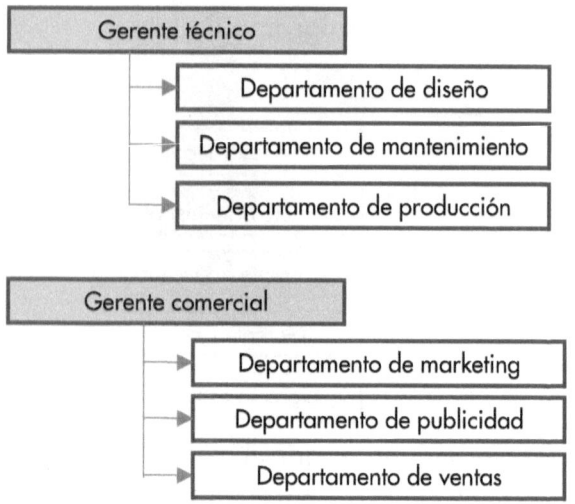

El gerente administrativo está en este organigrama para controlar los recursos. Esto se observa en las funciones que tiene a su cargo como lo es el almacén, las compras, personal y seguridad. Dividen colocando al gerente financiero con el departamento de contabilidad y el de cobranza. En la mayoría de los organigramas veremos el concepto actual de administración plasmado. Para estas empresas "administrar" es gestionar el almacén de materiales, el de sistemas informáticos, recursos humanos, contabilidad, finanzas, entre otros, dejan fuera los departamentos de operación, de producción, de mercadotecnia. A decir del Gerente con quien laboré varios años, "los administradores son aquellos que están sentados en la oficina con clima tomándose un cafecito, los demás somos los de producción". Toda empresa debe contar con especialistas en contabilidad, finanzas, marketing, pero estas herramientas deben ser aplicada de manera eficiente en la fase correspondiente del proceso administrativo, de igual manera que la herramienta de informática o sistema de información, estadística, entre varias más; si se requiere contar con un departamento que se dedique exclusivamente a realizar esa función es válido, sin embargo, debemos tener claro que la contabilidad o cualquier otra herramienta, iniciativa o disciplina debe ser aplicada en donde corresponde en proceso administrativo. La reeducación en las organizaciones adquiere mayor importancia debido a la interpretación que se tiene actualmente sobre lo que es administración, en lugar de evolucionar se ha quedado en el concepto del significado etimológico. Capacitar a los líderes o a quienes dirigen las empresas, organizaciones, instituciones privadas o de gobierno, un municipio, estado o país es muy importante, buscando que estos se conviertan precisamente en líderes con conocimientos y habilidades específicas que se requieren en la administración y no necesariamente deben ser unos especialistas en finanzas, contabilidad u otras herramientas, para eso existen los contadores, los estadísticos o las herramientas requeridas; debe saber que existen herramientas o técnicas y especialistas, sin embargo, si se le capacita para que las conozca es mejor.

2.3. Análisis de asignaturas en la academia.

Una de las inquietudes del Ing. Taylor, desde el año 1900, era que la administración pudiera ser enseñada en las universidades para no depender de un súper hombre. La primera escuela que impartió cursos de administración en México, en el año 1943 fue el ITESM por la necesidad de formar profesionales que apoyaran el desarrollo industrial, posteriormente el ITM en el año 1947 y en el 1957 la Ibero. De ahí en adelante mas universidades particulares iniciaron las licenciaturas en administración.[14]

A continuación, se enlistan las asignaturas que las universidades, de manera general, imparten en la actualidad. Cada una de ellas realiza su plan de estudios y toman las asignaturas que consideran convenientes para el desarrollo de un "especialista en administración".

Taller de comunicación
Matemáticas aplicadas
Calidad
Desarrollo de la evaluación de la calidad
Pensamiento crítico
Probabilidad y estadística aplicada a los negocios
Herramientas analíticas para los negocios
Fundamentos analíticos para los negocios
Proyectos de investigación aplicados a los negocios
Tecnología para la gestión de los negocios
Contabilidad de negocios
Contabilidad financiera
Contabilidad de costos
Derecho laboral
Derecho corporativo
Derecho de la seguridad social consultoría y competencias laborales
Seguridad social
Prestaciones y servicios sociales
Micro, pequeñas, medianas empresas y negocios familiares
Bases metodológicas de la investigación
Mercadotecnia
Investigación de mercado
Mercadotecnia de servicios

---

[14] Información recopilada de la web.

Sistemas de información de mercados
Abastecimiento
Microeconomía
Administración de la mercadotecnia
Administración de ventas
Administración financiera
Administración contemporánea
Administración de negocios
Administración fiscal
Administración del talento y comportamiento organizacional
Administración de recursos humanos
Administración estratégica seminario
Administración del conocimiento
Administración de la producción
Administración estratégica
Administración de la capacitación
Temas selectos de administración
Seminario de investigación en ciencias de la administración
Inglés
Investigación responsabilidad social y desarrollo sostenible
Investigación de operaciones
Nuevos modelos de negocios
Macroeconomía
Planeación estratégica
Liderazgo y dirección.
Seminario de desarrollo de habilidades directivas
Dirección de mercadotecnia.
Dirección de operaciones.
Dirección de recursos humanos
Innovación para los negocios
Inteligencia de negocios.
Diseño de proceso de negocios
Plan de negocios.
Negocios internacionales
Optimización de la producción
Franquicias
Seminario de innovación

Desarrollo emprendedor
Economía internacional
Evaluación de proyectos de inversión
Factoría de negocios
Semanario de tendencias disciplinarias
Ética profesional
Ética y gobierno corporativo
Ética de las organizaciones
Cultura internacional del trabajo
Auditoría y consultoría administrativa
Ingeniería de negocios estratégicos
Seminario de estrategia empresarial
Seminario de estrategias de competitividad
Taller de fortalecimiento al egreso y prácticas profesional
Técnicas y modelos para la toma de decisiones
Teoría de la organización
Teoría cuantitativa de la empresa
Teoría de decisiones empresariales
Entorno de las organizaciones
Sistemas de información empresarial
Estrategias del crecimiento empresarial
Comunicación y negociación empresarial
Seminario de estrategia empresarial
Seminario de estrategias de competitividad
Seminario de investigación administrativa
Teorías de la administración y de la organización
Sociedades contemporáneas, actores sociopolíticos y política social.

El plan de estudios que yo llevé en la Maestría en administración en el año 2002, fueron las siguientes:

Introducción a la administración
Sistemas de información financiera
Micro y macro economía
Administración de recursos humanos
Administración financiera
Administración de la producción

*Método estadístico aplicado
Evaluación de proyectos financieros
Mercadotecnia
Investigación de operaciones
Seminario de derecho
Planeación estratégica
Control de gestión
Desarrollo organizacional
Problemas actuales de México
Desarrollo y evaluación de la calidad
Seminario de tesis
Economía de la empresa.*

El plan de estudio de Ingeniería industrial que cursé en 1983 al 1987, se muestra a continuación:

*Estática
Matemáticas I
Electricidad y magnetismo
Matemáticas II
Dibujo I
Química I
Matemáticas III*
***Probabilidad y estadística
Economía***
*Programación
Resistencia de materiales
Dinámica
Matemáticas IV
Dibujo II
Análisis numérico
Termodinámica*
***Administración
Técnicas de planeación
Relaciones industriales
Contabilidad I
Ingeniería de métodos I
Control de calidad***

Control de producción
Introducción a la ingeniería industrial
Derecho laboral
Ingeniería de planta
Contabilidad de costos
Ingeniería económica
Investigación de operaciones I
Estadística industrial
Mediciones eléctricas y electrónicas
Circuitos I
Electrónica I
Circuitos II
Conversión de la energía I
Teoría de control I
Física electrónica
Electrónica industrial I
Elecrónica II
Teoría de control II
Conversión de la energía II
Circuitos lógicos
Diseño de circuitos eléctricos
Electrónica industrial II
Electrónica III

Cada una de las universidades realiza su propio programa de acuerdo con el conocimiento de la o las personas responsables de dicho centro educativo. En mi propia experiencia al realizar mis estudios de ingeniería industrial y posteriormente la maestría en administración observé que los profesores o académicos se enfocan en enseñar las teorías de acuerdo con la materia a impartir de manera desintegrada, es decir, cada profesor enseña por su lado y nunca enseñan lo que es administración mucho menos cual es el proceso administrativo ni donde se debe aplicar cada herramienta o teoría presentada. En las asignaturas de ingeniería industrial, en **negritas**, se pueden observar las materias afines a las carreras específicas de administración; quizás ese modelo mental que me forjé hace que vea a la administración con el enfoque de ciencia, metodológica y sistémica. Posteriormente al realizar la maestría en administración, ya con 13 años de experiencia en la empresa, fue lo que me hace ver a la administración desde otro punto de vista muy diferente a la de los contadores o administradores actuales.

En conclusión no hubo avances en la administración, los libros analizados narran la historia de lo que ha venido sucediendo con la administración, las empresas de todo tipo cuentan con un departamento administrativo para controlar los recursos humanos y financieros, la academia solo enseñan historia de la administración general, iniciativas o técnicas que deben aplicarse en cada paso de la administración y aún no terminan de ponerse de acuerdo si la administración es una ciencia, arte, teoría, técnica o práctica. Los académicos y empresas acuñan la palabra administración desde su concepto original de la palabra "ad minister". No se enfocan a enseñar administración como proceso metodológico, más bien lo que imparten son materias para mejorar, es decir, iniciativas o herramientas ya probadas que ayudarán a que en cada paso de la metodología administrativa se aplique y se lleve una mejor planeación, dirección, organización o control, inclusive cada escuela tiene su propio programa de lo que cada una de ellas considera que es importante para que el alumno se especialice. Se ha intentado implementar iniciativas, que en algunos países donde iniciaron dieron excelentes resultados, por ejemplo, la Administración de la Calidad Total o TQM por sus siglas en inglés, que fueron un éxito en Japón pero que no funcionaron en otros países, debido a la mala interpretación de estas iniciativas. Las universidades que imparten la carrera o diplomados de "Gestión de la Calidad" se enfocan en el ISO 9000 un sistema que en su origen, yo lo considero excelente, buscaba estandarizar los procesos, sin embargo en la revisión del año 2000 en adelante cometen el error de copiar los modelos de excelencia como el Premio Deming aplicado en las empresas en Japón de 1955, ampliamente conocido como Deming el milagro japonés, el Malcolm Baldrige de los estados unidos o el mismo PNC (premio Nacional de Calidad) mexicano. Especialistas en administración como licenciados, maestros o doctores en ciencia de la administración afirman que existe diferencia entre administración empresarial y administración pública. La administración debe ser aplicada como una Metodología con sus principios y reglas, aplicar las herramientas en cada uno de los pasos de la metodología y por supuesto estas herramientas deberán ser mejoradas continuamente, tales como la contabilidad, matemáticas financieras, sistemas de información, aplicación de modelos matemáticos, estadística aplicada para la medición de la calidad y de los resultados esperados para no depender de un hombre súper dotado y asegurar el éxito de la administración empresarial o pública. El concepto de administración por el PhD Idalberto Chiavenato se acercó un poco más a la propuesta de una metodología sistemática afirmando que administración es un proceso:

La administración es el proceso de planear, organizar, dirigir y controlar el uso de los recursos para lograr los objetivos organizacionales...[15]

Sin embargo, Chiavenato enfocó el proceso administrativo al cuidado o uso de los recursos. El significado de la

---

[15] Teoría general de la administración Adalberto Chiavenato, pág. 8

palabra administración sufrió una transformación radical, su origen etimológico ya es obsoleto, ahora la tarea de la administración pasó a ser la de interpretar los objetivos propuestos por la organización y transformarlos en acciones a través de la planeación, la organización, la dirección y el control de todos los esfuerzos realizados en todas las áreas y en todos los niveles de la organización, con el fin de alcanzar tales objetivos de la manera más eficiente y garantizar la competitividad en un mundo de negocios muy competitivo y complejo; por supuesto también aplicar esta misma metodología a la administración pública.

Frederick W. Taylor en su libro Principios de la administración Científica publicado en 1910 dijo lo siguiente:

Probablemente la mayoría de los lectores de esta obrita dirán que todo esto no son mas que teorías. Por el contrario, la teoría o filosofía, de la administración científica está comenzando a ser comprendida, mientras que la administración en sí ha experimentado una evolución paulatina que abarca un período de casi treinta años.[16]

Hace mas de 100 años ya estaban experimentando una "evolución" de la administración científica, de esa fecha a la actualidad la administración aún no se considera como científica y en lugar de resolver la duda de que si era arte o ciencia se vino a complicar más, ahora ya no sabemos si es un arte, práctica, técnica o ciencia. Taylor En su libro escribió que la mayor parte de los lectores se confundieron:

Se han escrito varias obras describiendo los recursos que se han adoptado y las experiencias que se han creado bajo la

---

[16] Principios de la administración científica, Taylor, Edit. HH, pág. 33

administración científica, así como los pasos que hay que dar para cambiar de la de tipo corriente a la de tipo científico. Pero, por desdicha, la mayor parte de los lectores de estas obras se han confundido, interpretando el mecanismo como si fuese la quintaesencia del sistema. La administración científica consiste, fundamentalmente, en ciertos principios generales y en determinada filosofía, que pueden aplicarse de distintas maneras; y una descripción de lo que alguna persona o personas puedan creer que es el mejor mecanismo para aplicar estos principios generales, no ha de confundirse con los principios mismos.[17]

Comparto lo que dice el Dr. Idalberto Chiavenato en su libro Teoría General de la Administración y por supuesto que el concepto de que la administración debe evolucionar de administer hacia la aplicación estandarizada de un proceso cíclico y aplicable en cualquier ámbito empresarial privada, de lucro o sin fines de lucro, gubernamental etc., esta característica le da a la administración el ser una ciencia ya que cuenta con un proceso de 4 etapas generales. Por lo menos anualmente se debe revisar la planeación, organización, dirección y control. De acuerdo a esto, un administrador ya no es el que manda o quien se hace servir de los demás, es quien planea, organiza, dirige y controla, así que, el departamento "administrativo" debe desaparecer de las estructuras organizacionales y tomar el nombre que le corresponde de acuerdo a las funciones a su cargo, por ejemplo en lugar de administrador sería Contralor general y su función seria planear, organizar, dirigir y controlar los bienes y recurso de la empresa, tendría a su cargo las operaciones de contabilidad, finanzas, informática, almacén general, servicios generales,

---

[17] Principios de la administración científica, Taylor edit. HH, Pág. 34

recursos humanos, capacitación, seguridad e higiene, entre otras. Si es el director de producción debe planear, organizar, dirigir y controlar la producción; lo mismo debe hacer cualquier director dentro de la organización. La empresa debe organizarse de acuerdo con lo planeado y cada uno de los primeros niveles debe ser un "administrador" de la función que desempeña. Comento nuevamente que el Dr. Chiavenato enfoca al proceso administrativo al uso de los recursos, es decir, administrar los recursos humanos, financieros, materias primas y es aquí donde la interpretación de la administración científica toma otro camino.

Insisto que, el problema es que todas las empresas continúan aplicando el concepto administer y con acciones aisladas, tratando de mejorar la efectividad de la empresa, aplican las "nuevas" (más de 50 años que las propusieron) teorías conocidas como Administración de la Calidad Total, Lean Manufactury, Six Sigma, Gestión de la Calidad, ISO 9000, trabajo en equipo, Outsorcing, 5s + 1, Balance Score Card, Hoshin Kanri, etc. La mayoría de las empresas no logran los resultados esperados debido a que se implementan sin el entendimiento para lo que los pensadores la diseñaron, lo hacen de manera aislada y delegan a quienes los gerentes creen que podrán implementar tales iniciativas. La mayoría de las organizaciones mejoran muy poco y el avance que puedan tener se pierde en el momento que desaparece la persona o equipo que ha estado realizando el esfuerzo para el mejoramiento; al desaparecer "la mano que mecía la cuna" todo regresa al "régimen" del tipo de liderazgo anterior. El

Ingeniero Taylor quería alcanzar en su propuesta que la Administración fuera aplicada en las organizaciones de manera científica:

El propio F. Taylor señaló que su obra titulada Principios de la administración científica la escribió por tres razones[18]

Para señalar, por medio de una serie de sencillas ilustraciones, la gran pérdida que todo el país sufre gracias a la ineficiencia de todas nuestras acciones cotidianas.

Para procurar convencer al lector de que el remedio de esta ineficiencia radica en la administración sistemática, más que en buscar algún hombre fuera de lo común o extraordinário.

Para probar que la mejor administración es una verdadera ciencia, basada en principios, reglas y leyes claramente definidas que le sirven de cimientos

El Doctor Zacarías desde su introducción afirma que la administración se puede aplicar sin previo conocimiento, además ahí mismos dice:

La administración es una actividad propia de los humanos, todos la practicamos, independientemente de cuál sea nuestra condición de educación escolarizada.[19]

Cada una de las personas es un administrador con resultados favorables o desfavorables de su práctica administrativa y no necesariamente habría que estudiar la teoría administrativa para ser prominente administrador; sobran ejemplos de doctores en administración que se distinguen por administrar mal incluso hasta su propia persona, así también existen ejemplos proverbiales de doctores en administración o profesionales de la administración que brillan por sus conocimientos administrativos

---

[18] Teoría General de la Administración, Zacarías Torres Hernández, cap. 4 pág. 73
[19] Teoría General de la Administración, Zacarías Torres Hernández, introducción

que impactan muy favorablemente en su vida y en las organizaciones donde se desempeñan.[20]

Precisamente este es el gran problema, la interpretación que se le da al concepto administración y se deja a la suerte de quien la aplique a como Dios se la da a entender, en lugar de dejárselo a la academia y que se pueda enseñar y formar profesionales en administración. Si la suerte está del lado de la persona podrá ser un excelente administrador, aunque esta persona no haya terminado ni la primaria. Ser un excelente administrador, deberá depender de la capacidad de enseñar lo que es administración y de la capacidad de quién reciba dicha enseñanza, nunca de la suerte.

En pleno siglo XXI seguimos tratando de entender si la administración es una ciencia o no y aún los grandes académicos no se han podido poner de acuerdo. Taylor y Fayol desde hace más de 100 años trataron de explicar que la administración debería ser una ciencia y que se debería enseñar en las universidades y aún seguimos con las dudas de si es una práctica, técnica, arte, teoría o ciencia:

Existe la necesidad apremiante de disponer de un marco conceptual que permita asimilar y sintetizar los fundamentos y quehaceres de la administración y a su vez nos ayude a saber si es una práctica, técnica, arte, teoría o ciencia.[21]

La administración se define de diversas maneras y todas encuentran su respectiva validez y confiabilidad en sus expresiones.[22]

---

[20] Teoría General de la Administración, Zacarías Torres Hernández, introducción

[21] Teoría General de la Administración, Zacarías Torres Hernández, cap. 1, pág. 5

El problema se observa cuando se dice que la administración se define de diversas maneras. Para muchos estudiosos académicos especializados en administración pública y privada son cosas totalmente diferentes, así lo afirma el Dr. Zacarías:

De las organizaciones privadas, ni qué decir, pareciera que la administración está echa para ellas. Mario Bunge, por un lado, no considera a la administración como una ciencia al no ubicarla dentro de la clasificación de la ciencia y por otro, la ubica en la clasificación de la tecnología dentro de la sociotecnología y la llama ciencia de la administración.[23]

Consideramos que la administración no es ciencia básica, de acuerdo con la decatupla de Bunge (diez elementos de valoración como comunidad, sociedad, dominio...), asumamos que sea en esos términos una semiciencia o protociencia; es decir, que satisfaga aproximadamente esa decatupla; o bien que sea parte de la sociotecnología de acuerdo con la clasificación de tecnología. Esto no afecta para afirmar que:

El objeto de estudio de la administración son las organizaciones para que estas operen con mayor eficiencia.[24]

La interpretación que le dan a la administración, por lo escrito anteriormente, que no es una ciencia y por otro lado al decir que el objeto de estudio de la administración son las organizaciones, me pone a pensar en lo siguiente:

Interpretan a la administración como una ciencia, por ejemplo:

La psicología es la "Ciencia que estudia los procesos mentales, las sensaciones, las percepciones y el

---

[22] Teoría General de la Administración, Zacarías Torres Hernández, cap. 1, pág. 13
[23] Teoría General de la Administración, Zacarías Torres Hernández, cap. 1, pág. 14
[24] Teoría General de la Administración, Zacarías Torres Hernández, cap. 2 pág. 39

comportamiento del ser humano, en relación con el medio ambiente físico y social que lo rodea".

La antropología, sociología, etc. tienen su área de estudio y son consideradas ciencia, entonces, en lugar de ser administración debería ser Administrología, es decir:

ciencia que estudia el comportamiento de las empresas en relación con las personas, las finanzas, la contabilidad, el medio ambiente, el gobierno, los accionistas, los proveedores, los clientes o nichos de mercados.

La administración no debe ser catalogada como una ciencia sino aplicada de manera científica; esta afirmación cambia totalmente el enfoque de la administración como una ciencia que estudia a las empresas a la aplicación de manera científica, es decir, metodológica y sistemática.

Taylor vio que ya no era suficiente el trabajo puramente empírico y pragmático en las corporaciones, que era necesario sistematizar el conocimiento de las fábricas, pero ahora de manera ordenada, esto es, que los principios se establecieran siguiendo una serie de reglas y leyes que le dieran un sentido más formal a esos principios de trabajo, con el fin de que se formara toda una gran teoría o incluso la ciencia de la administración.[25]

Taylor propuso que la administración fuera científica y sistemática, es decir, "no como la ciencia de la administración sino la administración como ciencia". La interpretación aislada que cada pensador le da a la administración es lo que hizo que la administración aún sea confusa, es decir, aún no saben si es ciencia, teoría, arte, disciplina o práctica; y se interpreta como la ciencia

---

[25] Teoría General de la Administración, Zacarías Torres Hernández, cap. 4 pág. 71

que estudia el comportamiento de las empresas. Por otro lado, que la administración sea sistemática es interpretada como la interrelación con otras ciencias, de hecho, es acertada la interpretación de sistemático, sobre todo porque definieron a la administración como ciencia (Administrología) y el enfoque sistemático que le atribuyen es con otras ciencias, sin embargo, la interrelación de la que aquí se habla es entre las partes o funciones que participan en la empresa. Las áreas o departamentos, dentro de las organizaciones, se comportan de manera aislada, cada uno busca lograr sus objetivos o metas sin importarles si afectan a otras áreas, esto hace que se minimicen los resultados finales. De echo, esta actitud de los responsables de cada área funcional, generaba desintegración entre las partes y los resultados esperados no se daban con eficiencia; esta fue la razón del surgimiento de una iniciativa de los años 60 y 70 del siglo pasado conocida como Outsorcing; fue pesimamente mal interpretada, la implementaron como si fuera un servicio externo en lugar de una micro empresa dentro de otra empresa, para mejorar la atención a clientes proveedores internos, véase los problemas de corrupción de facturas fantasmas en el gobierno del período 2012-2018 de la República mexicana, por la pésima aplicación del "Outsorcing". El pensamiento sistémico es lo que integra las partes de la organización para enfocar todos los esfuerzos hacia la misma visión, es decir, todas las partes de la empresa u organización deben estar interrelacionadas entre sí para lograr el objetivo común para lo que fueron creadas.

La teoría general de sistemas dice que: cualquier objeto real es un sistema o elemento de un sistema.[26]

La ciencia como ese gran conjunto de conocimientos o totalidad de conocimientos tiene que subdividirse, hasta ahora, en un número finito de elementos que llamamos ciencias específicas (química, biología, sociología) para que el hombre pueda tener acceso, al menos, a una pequeña porción de ese mundo infinito de conocimientos.

Ahora bien, si existe un sistema científico integrado por un conjunto de elementos conocidos como ciencias específicas, estas se interrelacionan e interactúan entre sí, de tal suerte que la administración es un elemento de ese mega sistema y, a su vez, es un sistema que se encuentra integrado por un conjunto de elementos administrativos que de igual manera interactúan y se interrelacionan.[27]

Existe la necesidad apremiante de disponer de un marco conceptual que permita asimilar y sintetizar los fundamentos y quehaceres de la administración y a su vez nos ayude a saber si es una práctica, técnica, arte, teoría o ciencia.[28]

El pensamiento sistémico en las personas y sobre todo en los líderes a cargo de los departamentos, órganos o funciones es lo que hace enfocarse hacia la visión del organismo; pensamiento sistémico es la capacidad de análisis y síntesis para entender cada uno de los elementos que forman el todo.

---

[26] Teoría General de la Administración, Zacarías Torres Hernández, cap. 1 pág. 11
[27] Teoría General de la Administración, Zacarías Torres Hernández, cap. 1 pág. 12
[28] Teoría General de la Administración, Zacarías Torres Hernández, cap. 1 pág. 05

3. Conceptos de Ciencia, teoría de conjuntos y proceso.

En cuestiones de ciencia, la autoridad de miles no vale más que el humilde razonamiento de un único individuo.

Galileo Galilei

3.1. Significado de ciencia.

Es muy importante entender qué significa "científico". Para considerar que algo propuesto es científico por lo menos debe cumplir con ciertos elementos fundamentales:

Cíclico.
Metodológico.
Aplicable a cualquier ámbito.
Con leyes y principios.

Científico: Que se ajusta a los principios y métodos de la ciencia o está relacionado con ella.
Ciencia: Rama del saber humano constituida por el conjunto de conocimientos objetivos y verificables sobre una materia determinada que son obtenidos mediante la observación y la experimentación, la explicación de sus principios y causas y la formulación y verificación de hipótesis y se caracteriza, además, por la utilización de una metodología adecuada para el objeto de estudio y la sistematización de los conocimientos.[29]

Ciencias exactas
Ciencias que solo admiten principios, efectos y hechos demostrables, mediante leyes físicas y matemáticas.

Ciencias humanas
Ciencias que estudian asuntos relacionados con manifestaciones consideradas propiamente humanas, como la cultura, el lenguaje o la organización social: la historia, la psicología y la filosofía son ciencias humanas.

Ciencias naturales
Ciencias que estudian asuntos relacionados con la naturaleza: la biología y la geología son ciencias naturales.

Ciencias ocultas

---

[29] Diccionario laptop MacBoock Air

Conjunto de conocimientos y prácticas relacionados con la magia, la alquimia, la astrología y materias semejantes, que no se basan en la experimentación científica. SINÓNIMO esoterismo, ocultismo.

Ciencias sociales
Ciencias que estudian el comportamiento del hombre en la sociedad y sus formas de organización: la antropología y la sociología son ciencias sociales.[30]

Entonces, si la administración se considera científica, esta debe cumplir con lo siguiente, de acuerdo con lo que conocemos como ciencia: Método, principios, reglas y debe ser universal.

Características de la ciencia[31]

El conocimiento científico parte de los hechos y siempre regresa a ellos.
La ciencia trasciende los hechos (llega a producir nuevos hechos.
La ciencia es analítica.
Especializada.
La ciencia es clara y precisa, lo que implica:
    Formular claramente los problemas.
    Parte de nociones (conceptos) claras.
    Define sus conceptos.
    Crea lenguajes artificiales (especializados).
    Procura medir y registrar los fenómenos.
El conocimiento se puede comunicar y verificar.
La investigación científica sigue un método y es sistemática.
Los conocimientos científicos son generales.
La ciencia trata de establecer leyes y aplicarlas.
La ciencia es explicativa: intenta explicar los hechos en términos de leyes y las leyes en términos de principios.

---

[30] Gran diccionario enciclopédico visual, programa educativo visual, 1992, pág. 271
[31] Fundamentos de economía, JoséSilvestre Méndez Morales, 5t edición, pág. 12

La administración cumple con las anteriores características en su mayoría, sobre todo que, esta debe seguir un método y es sistemática, se puede comunicar y verificar.

3.2. Concepto de proceso.

Proceso: pasos, actividades o tareas que se llevan a cabo con la finalidad de transformar en productos o servicios las entradas o insumos. El concepto de proceso, con los ingenieros Taylor y Fayol, quienes eran ingenieros industriales, fue acuñado para darle a la administración un enfoque metodológico o de proceso, muy utilizado en la industria privada, sin embargo, el concepto puede ser utilizado en cualquier tipo de organización o empresa.

Por ejemplo, en un banco el producto, "préstamo hipotecario" se deben realizar una serie de pasos:

Llenado de la solicitud del préstamo,

Recolección de documentos del solicitante,

Aceptación o rechazo de la solicitud,

Selección de casa a comprar,

Firma de documento para plan de pagos,

Entrega de documento y firmas ante notario publico,

Traspaso de préstamo a cuenta del solicitante,

Pago de honorarios,

Determinar fecha de entrega de casa,

Entrega de casa,

Realizar pagos mensuales de hipoteca,

Terminar de pagar hipoteca.

Kaoru Ishikawa observó, hace muchos años, que una de las causas que ocasionaban defectos en los productos finales era el método de trabajo, es decir, cada persona realizaba su trabajo como la había aprendido o como podía. Normalmente las empresas a los nuevos los ponen con los que llevan tiempo realizando alguna actividad para que aprendan, sin embargo, les enseñan mal y aprenden hasta los errores que se vienen haciendo; el decide implementar el ISO que en aquella época buscaba estandarizar los procesos dentro de las organizaciones. Nosotros en una empresa mexicana muy importante en el año 1998 se decide implementar el sistema ISO 9000, debido al requerimiento de dicho certificado de parte de los clientes de otros países, por desgracia la interpretación que le dan los directivos de ese entonces y el rechazo de muchos a estos sistemas, además de que se realiza solo con la finalidad del certificado, este sistema pierde su razón de ser, que era escribir en los manuales los procesos como se están haciendo y hacerlo como se escriben; participan personas que no tienen idea de lo que buscan estos sistemas y por supuesto un rotundo fracaso por no entender para lo que fue creado, que era la de estandarizar procesos. Para el año 2000 este sistema ISO pierde su razón original de ser y lo convierten en un modelo de excelencia los cuales ya existían, premio Deming de Japón, Malcolm Baldrige de EU y el PNC de México. Con la finalidad de mejorar los procesos Ishikawa forma los círculos de calidad y los capacita para que utilicen la herramienta de análisis de causas que el mismo diseña, mejor conocida como diagrama de espina de pescado o diagrama de Ishikawa y también se apoya en el ciclo de mejora continua de Walter Andrew Shewhart conocido también como padre de las gráficas de control y fue maestro de William Edwards Deming; este ciclo de mejora continua, mejor conocido como ciclo de Deming o PHVA y que hasta el día de hoy muchos aún no entienden su aplicación practica. Otros analistas venían trabajando para mejorar procesos y aparecen los especialistas en sistemas, Russel Ackoff, Buckley y Weber por el año 1974 y empieza el cambio hacia teoría de sistemas por lo que el concepto de proceso evoluciona.

Sistema: pasos, actividades o tareas "interrelacionadas" entre sí, que se llevan a cabo con la finalidad de transformar en productos o servicios las entradas o insumos con un "lazo cerrado de control". Podemos observar en ambos conceptos que no cambia solo se agrega la palabra interrelación y el lazo cerrado de control.

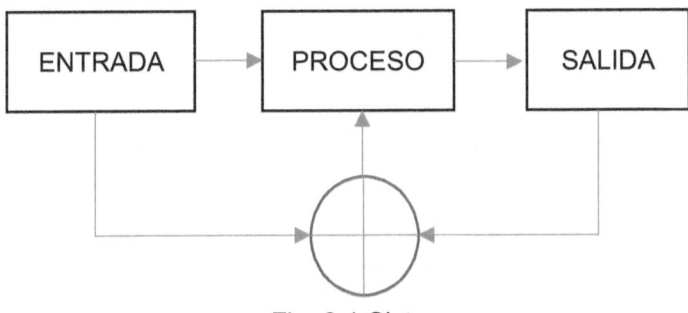

Fig. 3.1 Sistema

3.3. Teoría de conjuntos.

Un conjunto es una agrupación, clase o colección de objetos denominados elementos del conjunto, por objeto se entiende no solo entes físicos como carros, vacas, etc. sino también abstractos como son números, letras, etc. Un conjunto está bien definido cuando se conoce si un determinado elemento pertenece o no al conjunto.

Ejemplo 1

U= todos los números naturales.

B= {1,2,3,4,5,6,7,8,9,10}

C= {1,2,3,4,5, 6}

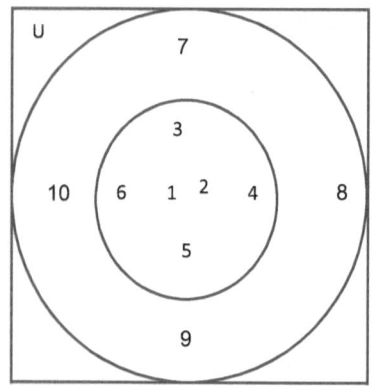

Fig. 3.2 Representación gráfica ejemplo 1.

C pertenece a B, los elementos de C están contenidos en B. Se dice que el conjunto de C está contenido en B o está incluido en B, si todo elemento de C pertenece a B. Si C está contenido en B, decimos que C es subconjunto de B.

Ejemplo 2

U= Ciencias.

B=Ciencias sociales= {Antropología, Sociología, Geografía, Historia, Derecho, Economía, Comunicación, Pedagogía, Psicología}

C=Geografía = {Relieve, Aguas, Clima, Vegetación, Fauna, Suelo}

D= {Temperatura, Precipitación, Humedad, Presión Atmosférica, nubosidad, Viento, Radiación solar}.

C pertenece a B, los elementos de C están contenidos en B. Se dice que los elementos o conjunto C está contenido B por lo que C es un subconjunto de B. El elemento clima pertenece al conjunto C el cual contiene los elementos de D, por lo tanto, D es un subconjunto de C. En el diagrama 3.2 se muestra la representación grafica.

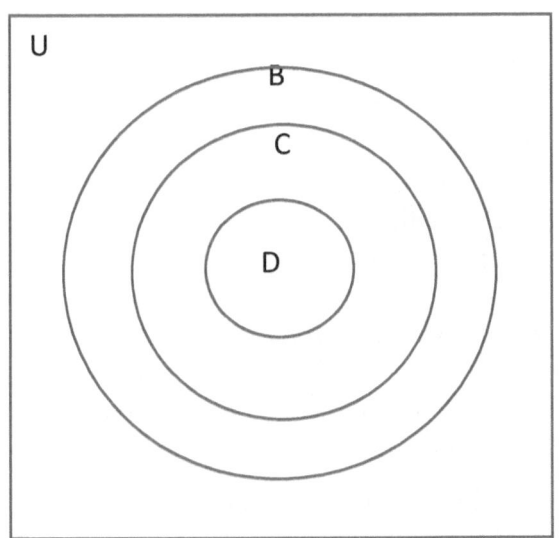

Fig. 3.3 Representación gráfica ejemplo 2

Analicemos la siguiente expresión:

"La presión atmosférica y las ciencias sociales".

"Presión atmosférica" es un elemento incluido en D, D es un subconjunto de C, C es un subconjunto de B y B subconjunto de U. Al sustituir los elementos que corresponden al conjunto B llamado ciencias sociales la expresión queda de la siguiente manera:

La presión atmosférica y {Antropología, Sociología, Geografía, Historia, Derecho, Economía, Comunicación, Pedagogía, Psicología}, por último, sustituimos los elementos que pertenecen a geografía y nos queda lo siguiente:

"La presión atmosférica y {antropología, sociología, {temperatura, precipitación, humedad, presión atmosférica, nubosidad, viento, radiación solar}, historia, derecho, economía, comunicación, pedagogía, psicología}.

Por lo anterior concluimos que en la expresión "La presión atmosférica y las ciencias sociales" estamos cometiendo el error de repetir un elemento, simplemente quedaría "ciencias sociales", ya tiene incluido el elemento "presión atmosférica". Aplicando esta regla básica de teoría de conjuntos a la administración podremos empezar a entender desde otro punto de vista a las teorías propuestas en los últimos 100 años. Los elementos básicos durante este tiempo son Planeación, Organización, Dirección y Control, por lo tanto, estos 4 son elementos que pertenecen al conjunto Administración, lo llamaremos conjunto A.

A= Planeación, Organización, Dirección, Control

Cada uno de estos elementos a su vez tienen otros elementos; entender esto es muy importante para poder llevar a la administración hacia una aplicación metodológica y sistemática. El error que he observado es cuando se dice "Facultad de Contabilidad y Administración", lo llamaré pleonasmo de conjunto. Para evitar este error debemos dejar claro que la administración tiene elementos y cada elemento de la administración tiene a su vez otros elementos. La contabilidad es un elemento que pertenece a un subconjunto de la administración, de acuerdo con el diccionario de la real academia española se define de la siguiente manera:

Contabilidad
Sistema de "control" y registro de los gastos e ingresos y demás operaciones económicas que realiza una empresa o entidad: he comprado un programa informático de contabilidad.

Parte de la economía que estudia estos sistemas o las distintas partidas que reflejan los movimientos financieros de una empresa o entidad: curso de contabilidad y finanzas.

Conjunto de cifras y datos de las operaciones económicas que realiza una entidad o una empresa, recogidos y anotados según determinados métodos: apunta todos los gastos en los libros de contabilidad familiar.

Por lo tanto, desde el punto de vista de teoría de conjuntos, los elementos propuestos de la administración son planeación, organización, dirección y control. La contabilidad es un elemento que pertenece a control, es decir, esta herramienta se aplica para verificar o controlar los resultados financieros de la organización. Es muy importante que nos quede claro esta situación para poder entender cada elemento de la administración y a su vez cada uno de sus elementos y a que conjunto pertenece.

Según la teoría neoclásica, las funciones del administrador corresponden a los elementos de la administración, que Fayol definió en su momento (planear, organizar, dirigir, coordinar y controlar), con una apariencia actualizada.[32]

Henry Fayol {Planeación, Organización, Dirección, Cordinación, control}

Urwick {Investigación, previsión, planeación, organización, coordinación, dirección, control}

---

[32] Teoría general de la administración Adalberto Chiavenato, pág. 225

Gulick {Planeación, organización, administración de personal, dirección o mando, coordinación, información, presupuestación}
Koontz y O^Donnell {Planeación, organización, designación de personal, dirección, control}
Newman {Planeación, organización, liderazgo, control}.
Dale {Planeación, organización, dirección, control}

La mayoría de los autores presentan, con muy poca variación, las funciones de un administrador, el PhD Chiavenato menciona que estas funciones son elementos de la administración. La administración está conformada por los elementos que los autores anteriores mencionan.

El desempeño de las funciones del administrador conforma el denominado ciclo administrativo:[33]

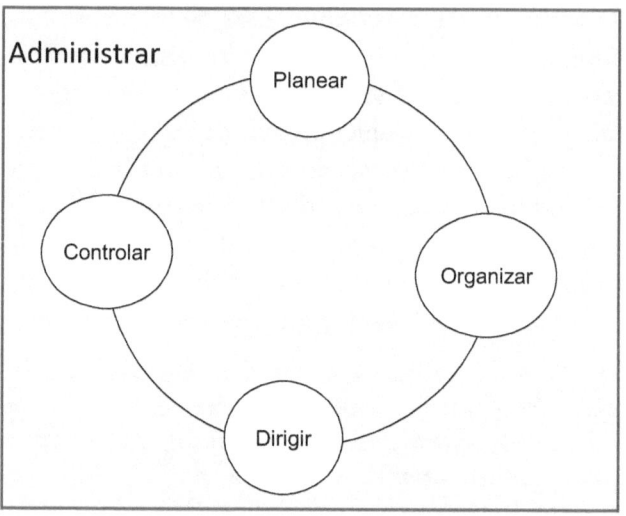

Fig. 3.4 Ciclo administrativo

Las funciones administrativas, en conjunto, forman el proceso administrativo; por separado, Planeación, Organización, dirección y control son funciones administrativas.[34]

---

[33] Teoría general de la administración Adalberto Chiavenato, pág. 226

Planeación {Definir la misión, formular objetivos, definir los planes para alcanzarlo, programar las actividades}.
Organización {Dividir el trabajo, asignar las actividades, agrupar las actividades en órganos y cargos}.
Dirección {Designar las personas, coordinar los esfuerzos, comunicar, motivar}.
Control {Definir los estandares, monotorear el desempeño, evaluar el desempeño}.

La mayoría de los autores actuales les queda claro cuales son las principales funciones de la administración, el problema es la interpretación y aplicación.

Casi toda la literatura neoclásica se detiene en el proceso administrativo para explicar como deben desarrollarse las funciones administrativas en las organizaciones.[35]

Con esta información nos queda claro que los elementos de la administración son planeación, organización, dirección y control, propuesta en un período entre 1900 a 1945. Además, propusieron principios como:

Principios de la administración según Urwick:[36] *Principios de la Especialización, de la autoridad, amplitud administrativa, de definición.*

Hasta aquí hemos analizado desde un punto de vista distinto a la mayoría de los escritores el tema administración. El contenido de los libros los cuales nos narran la historia de los diferentes pensamientos a lo largo de muchos años sin llegar a una conclusión actual diferente a las anteriores y en lugar de resolver la duda de que si es arte o ciencia esta aumenta, ahora ya no sabemos si es arte, técnica, práctica, teoría o ciencia. En los

---

34 Teoría general de la administración Adalberto Chiavenato, pág. 227
35 Teoría general de la administración Adalberto Chiavenato, pág. 227
36 Teoría general de la administración Adalberto Chiavenato, pág. 103

organigramas diseñados para integrar a las personas con funciones y límites establecidos se observa que definen a la administración como un área funcional y no como una metodología sistemática aplicada a todas las áreas de la organización, es decir, hay un departamento llamado administración que se encargan de controlar los recursos en lugar de aplicarla como una metodología, proceso o sistema. Las materias o asignaturas que las universidades imparten para especializar a sus educandos en administración en lugar de enseñarles la metodología, proceso o sistema administrativo les enseñan técnicas, herramientas o métodos los cuales sirven para mejorar la operación de las organizaciones.

En el siguiente capitulo veremos el proceso o sistema administrativo propuesto. Este mismo proceso administrativo puede ser aplicado a cualquier tipo de empresa tanto en lo empresarial como en lo gubernamental.

4. Proceso administrativo.

Cómo reirían y llorarían si pudieran leer la verdad absoluta, algo que es absolutamente verdadero y que hasta ahora nadie se ha atrevido a escribir, excepto tú; y ese libro verdadero está encerrado dentro de ti.

Henry Miller

Basado en todo lo anterior, mi propuesta es contar con los siguientes elementos de la administración:

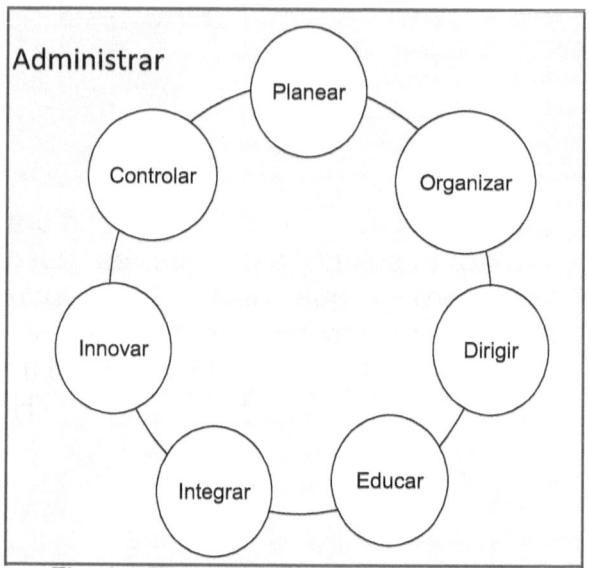

Fig. 4.1 Elementos del conjunto administración

Administración = {planear, organizar, dirigir, educar, integrar, innovar y controlar}

A su vez, los elementos de cada uno de ellos son:

Planear = {Misión, situación actual, nichos de mercado, visión, políticas, principios y valores, competencias, objetivos y metas, inversión inicial, presupuestos, programas de acción}.
Organizar={División del trabajo, especialización, Jerarquización, Distribución de la autoridad, responsabilidad}.
Dirigir={Comunicar, liderar, ejemplificar}
Educar={Necesidades de capacitación, universidades, talleres, conferencias, en el proceso}

Integrar={comunicar la estrategia, formar la estructura de trabajo en equipo, capacitar a lideres de equipos}
Innovar={Detectar areas de mejora, proponer mejoras, implementar}
Controlar={Contabilidad, estadística aplicada, medición de variables, comparación contra obetivos metas, acciones preventivas, mejoramiento continuo}.

4.1. Planeación.

El primer paso del proceso administrativo es la planeación. Esta debe ser realizada desde que se inicia una organización y cada año más tardar al 15 de diciembre debe estar listo el documento que tenga todo el contenido de la planeación. Debe realizarse involucrando a responsables de los procesos o funciones, debe ser informada y explicada a todos los que participan en la organización. Comunicar los planes por todos los medios internos de la organización para que estén bien enterados y puedan participar en lo que les corresponde. Con esto los resultados esperados tendrán mayor probabilidad de éxito.

Conjunto de disposiciones adoptadas para a ejecución de un proyecto. PLANEAR. v.t. Trazar el plan de una obra, imaginar.[37]

Disposición de programas con un objetivo preciso y que contempla las etapas del proceso y la organización de los organismos adecuados para su cumplimiento. Planificación familiar. Serie de medios existentes orientados a dotar de información y ayuda a la población referentes a la regulación de los nacimientos.

---

[37] Gran diccionario enciclopédico visual, programa educativo visual, 1992, pág. 971

- DEFINIR LA MISIÓN
- ANALIZAR SITUACIÓN ACTUAL
- DEFINIR NICHOS DE MERCADO
- DEFINIR LA VISIÓN
- DEFINIR LAS POLÍTICAS
- DEFINIR LOS PRINCIPIOS Y VALORES
- DEFINIR LAS COMPETENCIAS
- DEFINIR ESPECIFICACIONES DE CLIENTES
- DEFINIR OBJETIVOS Y METAS
- DEFINIR LA INVERSIÓN INICIAL
- DEFINIR PRESUPUESTOS
- DEFINIR PROGRAMAS DE ACCIÓN

Desde mi perspectiva son 12 los elementos contenidos en la planeación, que iremos analizando a continuación. Es importante mencionar que aquí se pueden utilizar herramientas para apoyarse y realizar una excelente planeación, Balance Score Card, Hoshin Kanri, FODA, marketing, mapeo de procesos, estados de resultados, resultados obtenidos de años anteriores, etc.

Definir la Misión

La empresa, organización o institución que apenas va a iniciar o que ya está operando tienen una razón de ser, es decir, fueron creadas o serán creadas para lograr la necesidad de clientes, de la sociedad, de un grupo, etc. La misión les debe quedar perfectamente claro a todos y cada uno de los integrantes de la organización, entender a que se dedica es lo que guiará a todos para logar el éxito. Por ejemplo, el Sr. Walter E. Disney definió su misión de la siguiente manera: "Hacer feliz a la gente"[38], así de sencillo, a él y a todos les quedaba claro que la organización había nacido para hacer feliz a todos los que tuvieran contacto con el mundo Disney, su trabajo fue que cada uno de los integrantes de esta organización tuvieran perfectamente claro la obligación del día a día para hacer feliz a la gente.

Ejemplos ficticios o posible de misión en diferentes tipos de empresas.

Empresa	Mision 1	Misión 2	Misión 3
Administración Pública Federal	Que el mundo entero quiera vivir en México	El país más hermoso para vivir	México el país más democrático
Productora de Sal	Darle sabor a tu vida	Con la sal la vida es más sabrosa	La sal para un cuerpo saludable
Académica	Dar al mundo la ciencia	Lograr máximo conocimiento	Hacer ciencia
Bomberos	Una ciudad sin fuego	La seguridad en tu casa	Pueblo libre de accidentes

---

[38] Empresas que perduran, James C. Collins, Jerry I. Porras, Editorial Norma

| Cervecera | Producir cerveza de la más alta calidad al menor costo | El mejor sabor para los mejores momentos | El sabor y frescura en los eventos de tu vida |

Esto se aplica para las empresas que inician o para las que ya vienen operando, con la finalidad de cada uno de los integrantes día a día realicen acciones encaminadas para lo que fue creada la empresa, si al pasar el tiempo la empresa cambia su giro, la misión debe ser rediseñada. Algunas empresas cometen errores al querer diseñar una misión muy rebuscada con muchas variables que ellos quisieran lograr, haciéndola demasiada extensa y difícil comprensión para todos y cada uno de los integrantes de la organización. Cuando visitaba a las empresas o a clientes de las organizaciones donde di mis servicios, me daba la oportunidad de realizar preguntas a los operarios y la mayoría desconocía la misión, así como los objetivos. Esto provoca que se dificulte el logro de dichos objetivos.

Definir la situación actual.

La investigación del mercado a nivel regional, nacional y mundial para analizar qué es lo que esta sucediendo alrededor de la misión que se tiene o se definió, la finalidad es detectar lo que existe en todo el mundo sobre lo que nosotros queremos o estamos haciendo. Si ya es una que esté funcionando, este análisis debe realizarse también hacia adentro de la organización, hacia proveedores, hacia clientes, hacia la sociedad. Lo mismo en el gobierno debemos entender la situación actual con macro y micro indicadores.

Ejemplo de variables que, por lo menos, deben analizarse.

Ventas regionales, nacionales o mundiales,
Clima laboral, eficiencia, mermas, producción,

Cumplimiento a clientes, cumplimiento de políticas,
Contables: ROI, EBITDA, ROA
Lugar que ocupamos a nivel regional, estatal, nacional o mundial con respecto a la misión y variables que son directamente proporcional a la visión.

Definir nichos de mercado.

En economía, se conoce como el conjunto de transacciones o intercambio de bienes o servicios entre los individuos. Estos Mercados pueden ser regionales, estatales, nacionales e internacionales. El mercado está conformado por todos los compradores potenciales, consumidores o clientes del producto o servicio ofrecido. El marketing es una herramienta utilizada principalmente para lograr aumentar ese número de consumidores o clientes potenciales. Por eso es muy importante definir a que nichos de mercado debemos enfocarnos. Como hemos venido afirmando, se aplica en todo tipo de empresa solo es cuestión de entender estas herramientas, por ejemplo, un partido político dentro de su estrategia define sus nichos de mercado teniendo los siguientes: 17 a 18 años, 18 a 20 años, 20 a 35 años, 35 a 45 años, 45 a 65, mayores a 65, puede ser mujeres, hombres, nivel socioeconómico, por región, país entre otros; lo importante es entender cada nicho para poder cubrir sus necesidades.

Definir la visión.

Conocer los nichos de mercado nos dará la oportunidad de diseñar La visión, poder imaginarnos a futuro lo que será la empresa, como nos veremos como organización en 3, 5, 10 o 20 años. Es el futuro que buscamos para la organización, para el país, estado o municipio. Por ejemplo, General Electric por los años 80´s su visión era

"Ser la número 1 o la 2", con Jack Welch que decidió dar una dirección a GE para lo cual diseñó la visión y la implementó de manera drástica. En el libro Jack Welch de John A. Byne Hablando claro, menciona como diseñó su visión, donde le quedaba claro que no permitiría terceros lugares en nada, analizó a todas las empresas que conformaban GE y solo se quedó con empresas de mayor rendimiento que estuvieran en primero y segundo lugar, las de tercer lugar se vendieron. Solicitó a cada uno de sus directores de esas empresas que eligieran a sus mejores lideres, a los normales y a los peores. En esta acción muchos directores mintieron y de inmediato fueron dados de baja. Se quedó con sus mejores lideres quienes se dedicaron a capacitar a los normales para convertirlos en excelentes lideres. En 1998 visité a GE Tampico Tamaulipas, México, donde personalmente observé la iniciativa que la conocían como ABC, el personal obrero es quien se encargaba de seleccionar a los mejores A, a los normales B y a los que no se aplicaban C, ellos mismo se encargaba de solicitar la baja a los C y los A de capacitar a los B, esta iniciativa logró cambios culturales hacia la calidad asombrosos.

Ejemplo de visión en empresas.

Empresa	Visión 1	Visión 2	Visión 3
Administración Pública Federal	Ser el México de mayor desarrollo a nivel mundial	México entre los primeros 10 países más desarrollados	En México seremos un país ejemplo a seguir
Productora de Sal	Ser la empresa #1 a nivel	Ser un modelo empresarial a	La sal más vendida en el

	mundial	seguir	mundo
Académica	Ser la institución de mayor calidad educativa a nivel mundial	Ser la institución educativa más buscada a nivel mundial	Ser la institución educativa mas efectiva en el mundo
Bomberos	Ser los bomberos mejor vistos a nivel mundial	Bomberos modelo a seguir en el mundo	Los bomberos #1 a nivel mundial

Definir las políticas.

Política Organizacional. Es la orientación o directriz que debe ser divulgada, entendida y acatada por todos los miembros de la organización, en ella se contemplan las normas y responsabilidades de cada área de la organización. Las políticas son guías para orientar la acción; son lineamientos generales para observar en la toma de decisiones, sobre algún problema que se repite una y otra vez dentro de una organización. En este sentido, las políticas son criterios generales de ejecución que complementan el logro de los objetivos y facilitan la implementación de las estrategias. Las políticas deben ser dictadas desde el nivel jerárquico más alto de la empresa.[39]

Las políticas son guías o directrices para una buena interrelación entre las partes, a continuación, pongo unos ejemplos.

Política Para proveedores: Nuestra política para proveedores es cumplir en tiempo y forma los contratos realizados para la adquisición de todos los insumos y servicios requeridos para la óptima operación, los períodos de pagos y sobre todo el desarrollo de nuestros proveedores es muy importante para nosotros.

---

[39] Obtenido de la web

Política de clientes: Nuestra política para nuestros clientes es cumplir con sus requerimientos y necesidades, enfocar todos nuestros procesos para entregar productos y servicios de la más alta calidad. La retroalimentación con nuestros clientes es importante para poder resolver juntos los problemas, usos y disposición de nuestros productos en sus instalaciones.

Política con gobiernos locales, nacionales e internacionales: Nuestra política es cumplir con los requerimientos gubernamentales en tiempo y forma por lo que requerimos de nuestros servidores públicos retroalimentación constante con la finalidad de cumplir con nuestra responsabilidad social.

Políticas de personal interno: Nuestra política es comprometernos con nuestro personal hacia su desarrollo personal, familiar y en la organización, buscando siempre un trato digno y respetuoso.

Política ambiental. Nuestra política ambiental es el cuidado constante en el manejo de los residuos, buscando no generar basura y no contaminar con los deshechos de nuestros procesos.

La calidad en todo lo que hagamos se logrará con cada uno de los participantes interrelacionados dentro y fuera de la organización, precisamente al cumplir las normas y especificaciones pactadas en contratos, en el producto, en las relaciones interpersonales, etc.

Definir los principios y valores.

Los principios y valores son los que integran a los participantes de la institución, empresa u organización. Esto incluye también a los externos como son proveedores, clientes, sociedad, gobierno. La importancia de que se cumplan y se hagan cumplir es lo que logrará que todos los integrantes se enfoquen hacia el logro de la excelencia en todo lo que se haga dentro y fuera de la organización. Los principios y valores son como un pegamento para el ser humano, lo contrario desintegra y hace muy difícil el logro de objetivos en cualquier organización. Se deben medir periódicamente, estos parámetros de actuación, con la finalidad de saber su aplicación en la vida diaria. Es un marco de referencia donde las personas debemos actuar. Los principios y las reglas son totalmente diferentes, por ejemplo, la puntualidad que las empresas exigen a los empleados es una regla, es decir, es una imposición hacia la persona. Si esta regla la quisiéramos convertir en un principio, la decisión para lograr tal cambio es responsabilidad y decisión de cada persona. Una regla se convertirá en un principio o valor cuando este se haga un hábito en la actuación de quien haya decidido cambiar de una regla a un principio. Los principios vienen de dentro del ser humano, del subconsciente, hacia afuera, las reglas vienen de afuera hacia la persona. Por eso la dificultad de lograr que las personas, si no tienen buenos hábitos logren fácilmente cambiar sus principios y valores. Los líderes deben realizar acciones que logren que las personas cambien sus malos hábitos por buenos, si el líder es malo los seguidores serán peores.

Absolutamente nadie quiere pactos con personas inmorales porque no son confiables, y sin confianza no puede establecerse ninguna relación duradera, porque tarde o temprano se producen comportamientos injustos que minan la estabilidad de los convenios. Es el mismo efecto que causaría en el entramado social un mundo de mentirosos. [40]

Valores
nombre masculino
Cualidad o conjunto de cualidades por las que una persona o cosa es apreciada o bien considerada: una estatua de gran valor.
Alcance de la significación, importancia o validez de una cosa: el valor de una palabra; el valor de un acto; sus comentarios no tienen mucho valor para mí.
Sentido o significación de una cosa, especialmente de una palabra o expresión: proposición subordinada con valor causal.
Realidad o concepto de los que forman el conjunto de las cosas que determinan el comportamiento de una persona, o de la sociedad, según el grado de importancia que se les confiere: él prefiere dedicar su vida al trabajo, y yo considero que hay muchas cosas más importantes: cada uno tiene su escala de valores; los sociólogos aseguran que se están perdiendo muchos valores tradicionales.
Persona que tiene buenas cualidades o capacidad para alguna cosa: es un joven valor del mundo de la música.[41]

Principios.
Criterio o norma moral que guía la conducta de una persona o una comunidad: es una persona sin principios; el principio de igualdad ante la ley.[42]

Las empresas y todas las organizaciones tienen su código de ética, sin embargo, si los dirigentes no son congruentes con dicho código nadie los tomará en cuenta. Los ejemplos de gobiernos en sexenios anteriores en la República mexicana, la mayoría de las dependencias fueron corruptas, inclusive la ORG´s que defendían los derechos

---

[40] Código de ética y conducta
[41] Diccionario de la real academia de la lengua española Mac
[42] Diccionario de la real academia de la lengua española Mac

del pueblo o estaban en contra de la corrupción, teniendo su propio código de ética, quienes lideraban fueron los más corruptos. Por eso es importante medir también el liderazgo lo cual analizaremos más adelante.

Normalmente los valores que registran en sus códigos de ética son:

Honestidad, Respeto, disciplina, lealtad, confidencialidad, son todos aquellos que apoyen a lograr la excelencia del organismo al que pertenecen. Quienes actúen fuera de este marco de valores debe ser expulsado y castigado por el mismo sistema. Esto no es otra cosa que calidez humana utilizado en los modelos de calidad total. Por el año 1960 el Ing. Kauro Ishikawa en una de sus conferencias en Japón comentó que- La calidad total no puede ser implementada en los países occidentales, porque ellos por naturaleza son malos", nacieron con el pecado-uno de sus alumnos, Hitoshi Kume le contestó- Maestro eso no es cierto, los occidentales son buenos por naturaleza, ellos nacieron a semejanza de Dios, por lo tanto, son buenos por naturaleza- a lo que el Ing. Ishikawa le pidió, que esto se lo dieran a conocer a todos para que también lograran éxito al implementar calidad total. Con esta historia me doy cuenta de que lo principal para logar éxito en cualquier cosa que se emprenda son los principios y valores.

En la ultima empresa que dirigí decidimos reforzar los siguientes principios:

    Confianza
    Respeto
    Responsabilidad
    Honestidad
    Austeridad
    Don de gente
    Puntualidad

Honor a quien honor merece.

Definir las competencias.

Para que una empresa, institución u organización opere con eficiencia y siempre se mantenga actualizada deben definirse las competencias necesarias. Empresa que deja de aprender corre el riesgo de desaparecer. La capacitación debe ser institucionalizada en todos los niveles. Capacitación para líderes en los distintos niveles, para todos los colaboradores, inclusive debe incluirse a proveedores y clientes. Esto dependerá de la visón y misión de la empresa, institución u organismo. Algunos ejemplos de competencia que implementé en una empresa que fui gerente general son:

Competencias= {Pensamiento sistémico, administración científica, trabajo en equipo, desarrollo de otros, mapeo de procesos, mejoramiento continuo}. Al realizar la planeación estratégica se propusieron estas competencias porque al analizar la situación actual, al momento de tomar la dirección, había una total desintegración de las áreas o departamentos, los niveles de jefaturas no sabían nada sobre lo que era administrar, desconocían sus propios procesos, no había indicadores de control de nada, mermas o desperdicios de producción por arriba de 30%, lo más critico que desconocían las especificaciones del producto solicitado por los clientes.

Las empresas y los gobiernos de mayor éxito son aquellos que inviertan en su capital humano, la diferencia entre las número 1 y los últimos lugares será ese capital humano (CH). Anteriormente las organizaciones contrataban en base al coeficiente intelectual de las personas sin tomar en cuenta el coeficiente emocional (CE), era más importante el CI, actualmente muchas empresas al CI le dan un peso del 20% y al CE un peso del 80%, CH=20% + 80%=100%, si la persona sabe y puede, pero no quiere su CH=20%, si no sabe ni puede pero quiere su CH=80%. Quien quiera podrá lograr cosas quien no quiera, aunque sepa mucho no lo hará. La importancia del CE es para lograr una retroalimentación entre los integrantes en todos los niveles. Son demasiadas las personas que no son capaces de aceptar una crítica. Cuando se les hace un comentario sobre lo que están haciendo, de inmediato se ponen a la defensiva o se muestran hostiles. La reacción es negativa hacia la retroalimentación, lo toman como si fuera una agresión personal. Debemos buscar que todas las personas logren la actitud y aptitud para hacer las cosas, es decir, deben querer hacer, saber hacer y poder hacer con esto el éxito estará asegurado.

Imagínense si la retroalimentación viene de un operario hacia algún directivo, la reacción de inmediato sería hasta de correr a quien se atrevió a realizar tal comentario. Recordemos algunos paradigmas como "al jefe no se le rebasa ni en carretera", "las gallinas de abajo no pueden calabacear a las de arriba", "aquí el que manda soy yo", entre otras. El éxito de las organizaciones depende del liderazgo por lo que deben ser reeducados y capacitados en varias disciplinas y sobre todo en administración. Las competencias deben ser enfocadas de acuerdo a la misión y visión y para cada nivel en el organigrama deben ser especificos para logar que su función logre la misión para lo que fue creada. Los nieveles directivos deben ser capacitados en administración, que entiendan perfectamente cada uno de sus elementos y qué se espera de cada uno de ellos. En los niveles operativos en las herramientas, procesos y técnicas que deben aplicar para logar los mejores resultado en lo que son responsables.

Definir las especificaciones de clientes.

Todo cliente desea un producto o servicio basado en ciertas características que le interesan para que pueda ser utilizado. Estas características son las especificaciones que el cliente requiere.

Un cliente requiere se le fabrique bolsas de polietileno con las siguientes especificaciones con una tolerancia de +- 5%: Ancho: 55 centímetros, Largo: 88 centímetros, Espesor de 150 micras, color: blanco, resistencia a la caída: min 2 metros., Coeficiente de fricción: min 45º.

En la central de abastos requieren de melones con las siguientes especifcaciones: Diametro, sabor, olor, color y cantidad requerida.

La tolerancia es muy importante no existe en el mundo máquina o ser humano capaz de realizar un producto 100% iguales todos, ni la misma naturaleza es capaz de hacer las cosas iguales unas con otras, por lo tanto, siempre existirá una variación normal que debe ser capaz de cumplir al cliente para que este pueda usar el producto sin ocasionarle problemas en su uso. Las empresas diseñan sus indicadores y en su mayoría los indicadores o mediciones que se realizan son al producto final. Es muy importante definir tanto indicadores del producto final, indicadores del proceso e indicadores de los insumos o materia prima, también se conocen como indicadores de entrada, de proceso y de salida, con esto podremos asegurar la calidad desde cada una de las etapas del proceso hasta lograr un producto que cumple las especificaciones solicitadas por el cliente, si solo se miden las características del producto final si el producto no las cumple se desperdicio, merma o en algunos casos se le conoce como re trabajo lo cual ocasiona gastos innecesarios. Aquí se aplica los que es conocido como control de producción o también se puede aplicar específicamente el proceso para administrar la producción, es decir, planear, organizar, dirigir, educar, integrar, innovar y controlar. Se usan métodos como Kaizen o mejoramiento continuo, control estadístico del proceso entre otros.

Definir objetivos y metas.

El diseño de los objetivos y metas debe ser enfocado a la visión y misión de la empresa, todo lo que se haga que no tenga que ver con la visión y misión no agrega valor. Un objetivo es la diferencia que existe de la situación actual contra la situación futura que se requiere alcanzar. Los objetivos tienen tres características: dirección, variable de control y proceso que se desea mejorar.

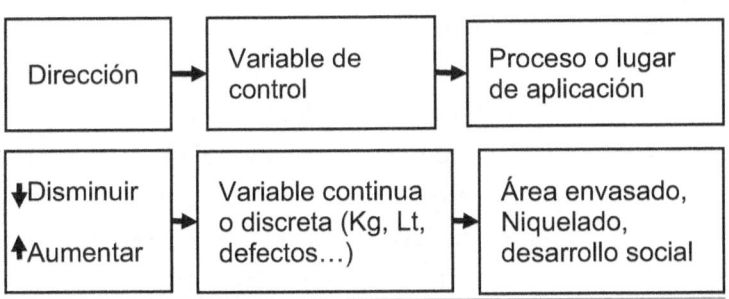

Ejemplos

Disminuir los desperdicios en el proceso de llenado.
Disminuir quejas de clientes.
Disminuir la corrupción en el país.
Aumentar la inversión en el campo agrícola y ganadero.
Mejorar la productividad cañera en el país.
Incrementar la satisfacción de nuestros clientes.
Aumentar la eficiencia en Extrusora.
Aumentar la calidad en la producción de melones.

Los objetivos se diseñan de acuerdo con tres niveles estratégico, táctico y operativo. Por ejemplo, de los objetivos anteriores "Disminuir la corrupción en el país" es un objetivo estratégico, disminuir la corrupción en el estado de Veracruz objetivo táctico y disminuir la corrupción en el municipio de Tuxpan objetivo operativo, es decir, la responsabilidad estratégica es del mas alto nivel directivo, el táctico de un nivel menor y así sucesivamente. Al final de cuenta los objetivos operativos son los que dan los resultados, deben ser perfectamente alineados a toda la organización para lograr la misión de la organización o del país. La dirección debe enfocar, brindando todos los recursos necesarios y actuando dentro del marco de principios y valores para lograr que la parte operativa se enlace hacia los objetivos tácticos y estos a su vez a los estratégicos. Muy importante no confundir objetivos con acciones o iniciativas que se desean implantar por ejemplo "Nuestro objetivo es comprar una maquina nueva" o "Automatizar los procesos productivos" la pregunta aquí sería ¿Qué queremos mejorar, disminuir o aumentar con estas iniciativas? Normalmente no medimos el problema o la situación actual y ya estamos dando soluciones. El problema actual es lo que queremos resolver, se conocen como brechas o áreas de oportunidad.

Definir inversión inicial.

La inversión que se debe realizar para que la organización inicie sus operaciones va en proporción directa a sus objetivos mensuales, semestrales, anuales y de largo plazo de 3 a 5 años. En esta primera fase o paso del proceso administrativo utilizaremos la herramienta conocida como finanzas. La aplicación de matemáticas financieras que nos proporcionarán los datos requeridos para definir cómo apalancaremos el proyecto. Las finanzas nos ayudan conocer de dónde tomaremos el recurso económico, que pudiera ser de la herencia que tuvimos, venta de propiedades, préstamo bancario o diseño de acciones para quienes deseen participar como inversionistas y cuanto nos costará ese financiamiento. Deben tomar en cuenta las necesidades totales que requerirán para poder operar de manera estable que maquinaria, personal, refacciones, herramientas, insumos para producir, etc. Una vez que la organización ya se estableció y normalizó, cada año al aplicar nuevamente el ciclo de planeación y rediseñar los objetivos se define la inversión para el siguiente período. Es muy importante mantener las finanzas sanas y de ser necesario buscar apalancamientos financieros para estabilizar las operaciones. Algunos empresarios cometen errores al endeudarse sin tener claro sus objetivos, sin analizar los diferentes escenarios que se presentarán o simplemente toman dinero de la empresa para cubrir otros gastos que no tienen que ver con los objetivos de ésta. Son empresarios ricos con empresas pobres. Lo mismo sucede en el gobierno, aquellos que realizan gastos excesivos superfluos obtendrán malos resultados. Definir nichos de mercado.

El marketing es otro proceso que se aplica en el primer paso de la administración. En la planeación se debe realizar un estudio o análisis para entender el comportamiento del mercado.

Definiciones de marketing según varios autores[43]

Para Philip Kotler "el marketing es un proceso social y administrativo mediante el cual grupos e individuos obtienen lo que necesitan y desean a través de generar, ofrecer e intercambiar productos de valor con sus semejantes"

Según Jerome McCarthy, "el marketing es la realización de aquellas actividades que tienen por objeto cumplir las metas de una organización, al anticiparse a los requerimientos del consumidor o cliente y al encauzar un flujo de mercancías aptas a las necesidades y los servicios que el productor presta al consumidor o cliente".

Stanton, Etzel y Walker, proponen la siguiente definición de marketing: "El marketing es un sistema total de actividades de negocios ideado para planear productos satisfactores de necesidades, asignarles precios, promover y distribuirlos a los mercados meta, a fin de lograr los objetivos de la organización"

Para John A. Howard, de la Universidad de Columbia, "el marketing es el proceso de:

1) Identificar las necesidades del consumidor, 2) conceptualizar tales necesidades en función de la capacidad de la empresa para producir, 3) comunicar dicha conceptualización a quienes tienen la capacidad de toma de decisiones en la empresa. 4) conceptualizar la producción

---

[43] Diversos autores. Obtenido en la web

obtenida en función de las necesidades previamente identificadas del consumidor y 5) comunicar dicha conceptualización al consumidor"

Según Al Ries y Jack Trout, "el término marketing significa "guerra". Ambos consultores, consideran que una empresa debe orientarse al competidor; es decir, dedicar mucho más tiempo al análisis de cada "participante" en el mercado, exponiendo una lista de debilidades y fuerzas competitivas, así como un plan de acción para explotarlas y defenderse de ellas Para la American Marketing Asociation (A.M.A.), "el marketing es una función de la organización y un conjunto de procesos para crear, comunicar y entregar valor a los clientes, y para manejar las relaciones con estos últimos, de manera que beneficien a toda la organización..."

En el gobierno de echo lo hacen al analizar las zonas de mayor marginación, es precisamente esta herramienta que nos apoya a definir en dónde iniciar a resolver la problemática para lograr nuestra visión y misión.

Definir presupuestos.

Los presupuestos deben realizarse cada año, en el momento de aplicar la revisión de la planeación que debe ser más tardar en el mes de diciembre para iniciar el siguiente año con la planeación actualizada. Presupuestos, por ejemplo, de la inversión de materia prima para la producción, insumos requeridos para la logística, mantenimiento, oficinas, etc., de tal manera que plasmemos los requerimientos necesarios para la operación de la organización. En un paso anterior se define la inversión inicial y se aplica la herramienta de finanzas para poder saber de donde obtener el recurso para llevar a cabo los objetivos y metas, en este paso debemos formular los gastos e ingresos de las actividades de la organización, cuanto nos costará lograr los objetivos y metas.

Definir programas de acción.

Una vez definidos los gastos estos debemos registrarlos en los programas de acción o diagrama de Gantt, nombre dado en honor al Ingeniero Henry Gantt que, en 1914, fue quién desarrolló este método para controlar las operaciones o actividades en las operaciones. También conocidos como plan de actividades o programa generar de trabajo. Para poder realizar un buen plan de acción debemos realizar lo siguiente. Yo la aprendí en la carrera de ingeniería industrial como Diagrama de Gantt y con los japoneses como las 5W y 2H por sus siglas en inglés de Qué, Quién, cuándo, cómo, Dónde, Porqué, Cuánto (What, Who, When, How, Where, Why, How Much).

Definir lo que queremos implementar, realizar o llevar a cabo, incluso pueden ser objetivos, metas, actividades o acciones.

Ejemplo con un objetivo:
Disminuir la merma de producto en el proceso de envasar. Recordemos que un objetivo debe tener una dirección, la variable de control y el lugar donde se desea lograr. La dirección es disminuir, la variable de control es el % de Merma con respecto a la producción y el proceso o lugar es en la maquina A de envasado de leche:

Actividad (qué)	Responsable (Quién)	Cuándo	Dónde	Cómo
Analizar la situación actual	Juan y equipo de trabajo "Vía Láctea"	13/oct/ 2019	Envasado A y sala de juntas	Recolectar datos

Definir una meta	Pedro y equipo de trabajo "Vía Láctea"	15/nov/2019	sala de juntas	Análisis de datos
Análisis de causas	Ramón y equipo de trabajo "Vía Láctea"	25/nov/2019	Envasado A y sala de juntas	Lluvia e idea
Alternativas de soluciones	José y equipo de trabajo	28/nov/2019	sala de juntas	Lluvia e idea y pruebas
Implantación de solución	Gerente del área	01/dic/2019	Envasado A	Aplicar el programa
Objetivo futuro	Simón y equipo de trabajo	15/dic/2019	sala de juntas	Lluvia e idea
Conclusiones	Carlos y equipo de trabajo	15/ene/2020	sala de juntas	Análisis de datos.

El ejemplo anterior es con la finalidad de entender que el programa de acción es muy importante en cualquier nivel de la organización, en este caso, es para un equipo de trabajo de operarios del área especifica de envasado, los especialistas en planeación dividen la planeación en tres niveles, planeación estrategia, táctica y operativa. Este caso correspondería a la planeación operativa, sin embargo, lo importante es entender que el programa no es la planeación, el programa es el Gantt aplicado para controlar que se lleven dichas acciones programadas. Podemos hacer el programa de la planeación quedando de la siguiente manera:

Actividad	Resp.	Cuándo	Dónde	Cómo
Definir la Misión	Comité Gcial	15/nov/2019	Aula Magna	Lluvia de ideas
Analizar la situación actual	Director A	30/nov/2019	Aula Magna	Lluvia de ideas
Definir nichos de mercado	Director A	30/nov/2019	Aula Magna	Lluvia de ideas
Definir la visión	Comité Gcial	30/nov/2019	Aula Magna	Lluvia de ideas
Definir las políticas.	Comité Gcial	30/nov/2019	Aula Magna	Lluvia de ideas
Definir los principios y valores	Comité Gcial	30/nov/2019	Aula Magna	Lluvia de ideas

Definir las competencias	Director B	30/nov/2019	Aula Magna	Lluvia de ideas
Definir especificaciones de clientes	Director C	30/nov/2019	Aula Magna	Lluvia de ideas
Definir objetivos y metas	Diretor Gral.	30/nov/2019	Aula Magna	Lluvia de ideas
Definir la inversión inicial	Director A	30/nov/2019	Aula Magna	Lluvia de ideas
Definir presupuestos	Director A	30/nov/2019	Aula Magna	Lluvia de ideas
Definir programas de acción	Comité Gcial	30/nov/2019	Aula Magna	Lluvia de ideas

Se puede programar, como se muestra en tabla anterior, cada uno de los elementos de la planeación y este sería el Plan maestro, plan estratégico o simplemente plan general organizacional. Lo importante, insisto, en que no se confunda el plan con los programas, el plan es el primer paso de la administración la cual contiene elementos y la planeación es un elemento que pertenece a la administración. La planeación contiene elementos que se observan en el "Programa de acción de la planeación Organizacional", son 12 elemento a su vez cada uno de estos 12 elementos contienen otros elementos como, por ejemplo, aplicar las matemáticas financiera para poder "definir la inversión inicial" o la aplicación de la herramienta marketing para analizar los nichos de mercado son elementos de la planeación.

La planeación está conformada por elementos de 1er nivel, 2do nivel, 3er nivel y así sucesivamente hasta lograr el nivel operativo fácil de implementar. Por esta situación los estudiosos en planeación dividen la planeación en tres niveles, planeación estratégica, táctica y operativa.

Por ejemplo, en el primer nivel el ejecutivo federal debe realizar su plan estratégico, es decir, el presidente de la república, dentro de ese plan uno de sus objetivos estratégicos es "Disminuir la inseguridad en el país", sus indicadores son a nivel país. El siguiente nivel ejecutivo sería el Gobernador quien debe realizar su plan táctico o estatal alineado al plan estratégico nacional, su objetivo debe ser "Disminuir la inseguridad en el estado X", sus indicadores solo corresponden al estado que gobierna. Por último, el plan operativo que le corresponde al presidente municipal, su plan operativo municipal debe estar alineado a los objetivos estatales que a su vez estarán alineados a los nacionales. Como lo realizan actualmente existe mucha desintegración por la misma estructura gubernamental y complica la consecución de los objetivos. Este será otro tema para tratar en el próximo libro: "Administración Pública con enfoque de un ingeniero industrial".

4.2. Organización.

Una vez realizada la planeación el siguiente paso es diseñar la estructura organizacional, es importante aclarar el término "organización". Organización comúnmente es utilizado como sinónimo de empresa.

En el fondo, todas las instituciones son organizaciones; por consiguiente, tienen una dimensión administrativa común.[44]

La organización puede adoptar varios significados
Organización social, orientada a alcanzar objetivos específicos y estructurada deliberadamente...Esta definición cobija todos los tipos de organizaciones (tengan o no ánimo de lucro), como bancos, empresas financieras, hospitales, clubes, iglesias, etc. Desde este punto de vista, la organización presenta dos aspectos diferentes: Organización formal e informal y Organización como función administrativa y parte integrante del proceso administrativo.[45]

---

[44] Teoría general de la administración Adalberto Chiavenato, pág. 207
[45] Teoría general de la administración Adalberto Chiavenato, pág 235/344

Debemos entender organización como parte del proceso administrativo. Este término de organización se confunde con órgano o empresa, por lo que debemos acuñar el concepto de estructura organizacional.

Configuración de la estructura organizativa
La representación más simple de la estructura organizativa es el organigrama, una forma clásica de graficación que muestra las unidades organizativas con sus dependencias jerárquicas. Este diagrama permite inferir algunos aspectos de la división técnica del trabajo, la fragmentación de la autoridad, y la importancia asignada a las unidades.[46]

La manera de organizar una empresa es muy importante para lograr la eficiencia y eficacia de la empresa.

Empresa, nombre femenino. Acción o tarea que entraña esfuerzo y trabajo: escribir una novela es empresa difícil y larga. Entidad en la que intervienen el capital y el trabajo como factores de producción de actividades industriales o mercantiles o para la prestación de servicios: una empresa de servicios editoriales; una empresa de muebles.[47]

Empresa privada, pública con o sin ánimo de lucro, instituciones, órganos gubernamentales, bomberos, IMSS, ISSTE, universidades, tecnológicos, taquerías, todas son empresas la cuales realizan acciones, actividades o tareas que requieren un esfuerzo que se conoce como trabajo, realizar un cheque, producir carne, llevar a cabo actividades de desarrollo social, "administrar" un país, estado o municipio. La importancia del entendimiento de lo que es una empresa, que es administración y cada uno de sus fases, pasos o método es para que se logre una excelente aplicación. Esta fase nos sirve para diseñar la estructura organizacional que nos ayudará a lograr lo

---

[46] ADMINISTRACION DE ESTRUCTURAS ORGANIZATIVAS, Dr. Jorge Hintze, pág. 71, web
[47] Diccionario Mac

planeado. La mayoría de los organigramas son unidireccionales o autocráticos, es decir, el jefe da órdenes y el subordinado debe obedecerlas y hacerlas tal y como se le pidió, cuando contratan un par de piernas y un par de brazos se olvidan de que viene incluido un cerebro gratis". Los organigramas bidireccionales son cuando el jefe acepta retroalimentación y los organigramas circulares son cuando existe un líder que cuenta con un equipo integrado de trabajo. Debemos entender el concepto actual de lo que significa organización, desde el punto de vista de sistemas, un organigrama es un organismo vivo y cambiante no solamente son cuadros donde aparecen los nombres y puestos. Son seres vivos pensantes y son ellos quienes determinan el éxito o fracaso de la empresa, es por esto por lo que los pensadores de las teorías administrativas inician el estudio de las relaciones humanas y en la teoría de sistemas como cada una de las partes interactúan entre sí para el logro de objetivos comunes del organismo.

Los Principio básicos de la organización formal son: división del trabajo; especialización; jerarquía; y distribución de la autoridad y responsabilidad.[48]

División del trabajo.

Para ser eficiente, la producción debe basarse en la división del trabajo, que consiste en descomponer un proceso complejo en una serie de pequeñas tareas. El proceso de la división del trabajo comenzó a aplicarse con mayor intensidad con la llegada de la revolución industrial.[49]

La división del trabajo, propuesta hace muchos años, se aplica con la finalidad de que el obrero realizara

---

[48] Teoría general de la administración Adalberto Chiavenato, pág. 209
[49] Teoría general de la administración Adalberto Chiavenato, pág. 210

solamente lo que se le indicaba para evitar que las personas lo hicieran como ellos creían estaba bien, no se le permitía a nadie hacer las cosas diferentes. Esto continúa hasta nuestros días y no solo aplicado a los obreros, inclusive a supervisores, jefes de área hasta gerentes. Es buena la división del trabajo ya que nos lleva a la especialización de lo que cada uno debe realizar dentro de la empresa. Hace muchos años los obreros no sabían ni siquiera leer o escribir, los niveles de jefaturas eran capataces. Actualmente los obreros por lo menos tienen nivel preparatorio y algunos hasta nivel profesional. En 1993 en la empresa donde trabajé el jefe del área siempre decía: Aquí el que manda soy yo, el único que piensa aquí soy yo, con ese nivel de liderazgo la mayoría prefería irse por la "sombrita" del jefe para evitar problemas o ser corrido. Esto hizo que nadie se atreviera a pensar diferente al jefe y las ideas no fluían. Cada que había un problema lo primero que el gerente pedía era al culpable para correrlo. La división del trabajo fue mal interpretada, se quedaron como capataces y la división generó problemas entre los diferentes departamentos. Pleitos entre departamentos, pésima comunicación, buscar culpables, objetivos contrapuestos lo que trajo como consecuencia baja eficiencia, elevados costos de producción, problemas de calidad e insatisfacción de clientes y con esto la desaparición de muchas empresas. Para resolver este problema interdepartamental implementaron el Outsorcing, las empresas que iniciaron con esta iniciativa buscaron que las áreas que eran de apoyo a al proceso principal o a la misión de la empresa, se convirtieran en pequeños empresarios y dar el servicio interno con esto el servicio solicitado se le facturaría. Muchos no entendieron el concepto y empezaron a correr a las personas de dichas áreas y contratar los servicios de proveedores externos y el Outsorcing fracasó en todos lados.

La gran aceptación y difusión de la división del trabajo se debió a una serie de factores considerados positivos a saber:[50]

Estandarización y simplificación de las actividades de los obreros y, posteriormente del personal de nivel más elevado.
Mayor especialización y explicación detallada de las tareas.
Mejor aprovechamiento del trabajo especializado, gracias a la departamentalización.

Especialización.

La división el trabajo nos lleva a la especialización tanto de las actividades y tareas como de las funciones en las que se organiza una empresa. La departamentalización es precisamente la división que busca la especialización de cada área, desde altos niveles hasta la parte operativa. Es por esto por lo que las empresas se organizan con departamentos de producción, logística, mantenimiento, etc. Cada departamento es responsable de llevar a cabo la misión específica para lo que fueron creados. En la especialización el departamento de contratación de personal debe tener muy claro el perfil que debe cumplir la persona para cada puesto en el organigrama. Aquí cabe decir la frase de "zapatero a tu zapato", Si la función es de dirección es necesario capacitar o buscar a alguien que cumpla dicha función. Si el puesto, por ejemplo, es para realizar los mantenimientos a sistemas eléctricos el perfil

---

[50] Teoría general de la administración Adalberto Chiavenato, pág. 210

debe ser de técnico electricista, por lo menos, y al ocupar su puesto debe ser capacitado específicamente en el equipo a su cargo. Las empresas normalmente toman a personas que van ascendiendo, es bueno hacer esto, sin embargo, deben ser preparados para ocupar el puesto en su nueva posición. Muchos de ellos fracasan o no logran buenos resultados porque siguen haciendo actividades que ya no le corresponden y no fueron capacitados para las nuevas actividades o no tienen el perfil indicado para tal puesto o función. En la función pública es muy recurrente, por ejemplo, colocan a un director de una universidad a alguien que toda su vida fue profesor, sin conocimientos de la función que debe desempeñar o a alguien que su perfil es de médico o agrónomo. Para dirigir una organización o empresa debe cumplir con el perfil de administrador, es decir, contar con los conocimientos de por lo menos los pasos o fases de la administración de lo contrario no sabrá planear, organizar, dirigir ni controlar. Colocan a un contador como gerente o director, con todo el respeto, el contador es especialista en contabilidad y su educación ha sido para llevar los registros y analizar si se van logrando los objetivos financieros, pero desconoce totalmente la administración como metodología, por lo tanto, su perfil no es el adecuado a menos que se le prepare como administrador.

Jerarquización.

La organización de una empresa por departamentos o áreas funcionales para alcanzar la misión para la que fue creada dicha empresa debe contar con personas capaces de dirigir y unir a quienes forman parte de la estructura organizacional. Cada área o departamento a su vez debe tener un responsable especialista del área o departamento o de la empresa. La departamentalización que se diseñe para dicha empresa (Organigrama) es donde se determinan las funciones desde las altas jerarquías hasta los niveles operarios.

jerarquía
Organización de personas o cosas en una escala ordenada y subordinante según un criterio de mayor o menor importancia o relevancia dentro de la misma. "el soldado cristiano ha de cumplir su deber obedeciendo a las jerarquías y a las normas eclesiásticas; la Constitución garantiza el principio de legalidad y la jerarquía normativa; por lo que se refiere a las jerarquías, parece ser que los mexicanos respetaban a las personas de más edad"
Conjunto de personas que encabezan (por ser las más importantes o relevantes) una organización jerárquica. "la ley fue duramente protestada en su momento por la jerarquía católica"[51]

Algunas empresas han evolucionado este concepto y otras aún continúan con el concepto de capataz, la máxima autoridad, el jerarca y así actúan teniendo "subordinados a su cargo, inclusive en la actualidad estuve como gerente de una empresa del 2017 al 2019 y los gerentes anteriores no tenían ni idea de su responsabilidad. Una persona de 27 años actuando como capataz o como "domador de circo", que con látigo y silla en mano trataba a los operadores. Sin la más mínima preparación sobre dirección o liderazgo, con capacidad operativa y aprendizaje por pruebas y error y el poco personal a su cargo con actitudes antagónicas. En el gobierno ni se diga, desde el presidente, gobernadores, presidentes municipales hasta el director de una universidad o institución quienes les encanta ser

---

[51] **Diccionario web**

tratados como reyes o dueños del mundo. Un sentimiento de la mayoría de los seres humanos que les gusta ser adulados. Por otro lado, agreguen que desconocen totalmente la metodología administrativa y son colocados en puestos directivos donde se requiere conocer perfectamente cada uno de los pasos del proceso administrativo por lo tanto carecen del conocimiento de planeación, organización dirección y control.

Hay muchos estudios sobre este tema de quien es jefe y quien es líder y son muy buenos, sin embargo, si la persona que va a dirigir a la empresa o al departamento "X" desconoce el proceso administrativo no tendrá la capacidad para lograr llevar a la empresa o departamento hacia la eficiencia y eficacia.

Distribución de la autoridad y responsabilidad

La distribución de la autoridad y de la responsabilidad en el organigrama queda perfectamente determinado quien es el que dirige la empresa, quien dirige cada departamento y quien realiza las operaciones. Es muy importante es este elemento utilizar formatos y registrar cada una de las funciones, actividades y tareas desde el puesto directivo hasta el puesto operativo, se pueden utilizar flujogramas donde se definen las funciones, actividades y tareas y quien es el responsable de realizarlas. En la actualidad, con los llamados "sistemas de gestión de la calidad", utilizan documentos de acuerdo con dicho sistema para determinar algo de estas responsabilidades, debemos entender que lo que se busca es que a cada uno le quede claro cual es su responsabilidad y que es lo que debe realizar en el día a día, es decir, mapear todos los procesos de la organización y sobre todo estandarizar las actividades. En muchas organizaciones las personas hacen lo que pueden. En los puestos de dirección es donde más daño se hace a la organización ya que cada que el director o gerente cambia los avances que se logran se pierden por no tener estándares de operación en todos los niveles y no solo en la parte operativa. En la administración pública es aun más evidente, cada que cambia el gobierno entran otras personas y traen sus propios criterios y sin conocimientos de administrar se acentúa más. Las empresas entienden por responsabilidad a quien esta haciendo las cosas y la autoridad a quien manda. Cuando las cosas van bien el jefe es el responsable, sin embargo, cuando las cosas salen mal el jefe busca un responsable. La responsabilidad de lo que cada uno le corresponde realizar debe quedar clara en los documentos o flujogramas. En el proceso administrativo que proponemos está la fase de educación, se debe capacitar a cada integrante de la organización para realizar lo mejor posible lo que le corresponde y de sus responsabilidades.

4.3. Dirección.

Se ha hablado durante muchos años sobre liderazgo. La autoridad jerárquica es sencilla de implementar, alguien decide quien será el jefe o jerarca y los demás solo tienen que "obedecer". El proceso de dirección {Comunicar, liderar, ejemplificar} es para alcanzar los objetivos planeados, debe haber retroalimentación entre el que dirige y quien realiza las actividades con la finalidad de detectar desviaciones que se puedan corregir y prevenir.

¿Es suficiente ser jefe para ser líder?[52]

---

[52] Retos y riesgos de la calidad total, Alfredo Acle Tomasini, Editorial Grijalbo, 1994, pág. 59

Un liderazgo efectivo requiere conjuntar autoridad jerárquica, profesional y moral.

Un líder debe tener la competencia de integrar para lo cual debe tener la capacidad de análisis y síntesis, sobre todo la autoridad moral que es la que integra las partes que conforman una organización y poder dirigir a todos hacia la visión organizacional.

La autoridad moral, aunada a la jerárquica y a la profesional, conforma la autoridad integral es ésta la que convierte al jefe en líder.[53]

El 95% del éxito de una empresa depende de la alta dirección y si esos niveles directivos no son capaces de dirigir y de recibir retroalimentación nunca mejorarán sus procesos. Para poder producir cualquier producto o servicio se requieren por lo menos los siguientes elementos: método, mano de obra, medio ambiente, maquinaria y materia prima. Por ejemplo, si queremos producir pozol jalisciense se requiere contar con el método o mejor conocida como la receta secreta de la abuelita, la mano de obra o cocinero, el medio ambiente o cocina (incluye el clima laboral), la maquinaria o sea las cacerolas, estufa, cuchillos, sartenes, licuadora y por último la materia prima o sea el maíz, la carne, el agua, las verduras. Si analizamos esto 5 elementos que se utilizan para realizar en este caso el pozol, la responsabilidad del dueño de este restaurant o cocina es conseguir la mejor receta (método), la mejor cocina (medio ambiente), la mejor maquinaria y la mejor materia prima en una ecuación sencilla, si algo sale mal el 80% le corresponde al director o dueño de la empresa el 20% al cocinero (mano de obra), sin embargo,

---

[53] Retos y riesgos de la calidad total, Alfredo Acle Tomasini, Editorial Grijalbo, 1994, pág. 60

el director o dueño también es responsable de capacitar y preparar al cocinero por lo tanto su % de responsabilidad aumenta hasta un 95%. Normalmente se culpa al responsable directo u obrero de las fallas en un producto, eso hace que las personas oculten lo que ha sucedido realmente y en lugar de enfocarse a mejorar los procesos buscan a quien culpar, por eso hay que buscar al responsable y el 95% le corresponde al director.

Hace muchos años leí el libro retos y riesgos de la calidad de Acle Tomasini el cual expongo a continuación para entender lo que es actualmente un director, gerente o jefe y lo que debería ser.

La paradoja del feudograma[54]

Érase una vez un reino llamado empresa. Su director era un hombre diligente y entusiasta, pero que gustaba de asumir actitudes autocráticas, cuando sentado en la cabecera de la larga mesa del consejo, podía oír como sus palabras se expandían en un largo eco, a medida que sus complacientes subordinados aceptaban sin chistar todos sus argumentos, pues era conocido que aquellos que no coincidieran con él, corrían el riesgo de ser acusados de retardatarios y pagar con el exilio semejante audacia.

Así, resultaba mejor buscar la supervivencia personal en el reino, que el reino mismo. Y para ellos las reglas eran muy claras: no pienses aquello que el director no ha pensado, y si te has atrevido a hacerlo, mejor disimúlalo, aún a costa de engañarlo. Porque si la realidad no coincidía con sus teorías, había que cambiar la primera y hacer que ambas se vieran en perfecta armonía. De esta manera, los datos del reino se maquillaban, mientras que los subordinados del director le vendían a éste sus mismas ideas. Pero tenían el cuidado de hacerlo con otras

---

[54] Retos y riesgos de la calidad total, Alfredo Acle Tomasini, Editorial Grijalbo, 1994, pág. 86

palabras, de tal forma que al parecer semejantes lograran causar un impacto favorable en el jefe, quien no se percataba del ardid.

La administración del reino estaba a cargo de los señores feudales, quienes ostentaban rimbombantes títulos nobiliarios: Conde de las finanzas, Márquez de las relaciones industriales, el Duque de la producción, Comendador comercial, etc., son tan sólo unos ejemplos de tan destacada galería.

Cada uno de ellos se sentía único. Cada uno se veía a sí mismo como la pieza más importante del reino; "Mi dirección es la parte vital de la empresa", solían decir a sus subordinados y, por ende, despreciaban el trabajo de los demás. De echo, el propio director general había alentado este divisionismo, pues sentía que la beligerancia entre cada señor feudal era una forma de preservar su poder. Por eso los manipulaba a su conveniencia, acercándolos con palmadas y alejándoos con regaños. A cada uno le daba informaciones parciales sobre el estado del reino, pero nunca la visión del conjunto. Así, los engaños subían y bajaban las escaleras del feudograma.

Cada señor feudal era amo de sus dominios. Las comunicaciones con otras áreas de la empresa eran celosamente vigiladas. Para lo cual se giraban instrucciones precisas: "Cualquier memorándum u oficio hacia otros feudos deberá tener la firma del director".

Envidiosos los unos de los otros y poco proclives a pedir ayuda a los demás, cada señor feudal luchaba por su autonomía. De esta manera, al interior de cada feudo se creaban estructuras administrativas que sólo duplicaban a la del vecino de enfrente. Redundancia que dio por resultado un crecimiento desbordado en la población y costos del reino.

Pero llegó el momento de la verdad y esa corte de opereta fue puesta a prueba. Así, la empresa empezó a resentir problemas en sus mercados, que antes tranquilos y mansos, se tornaron broncos y difíciles de controlar, pues otras empresas rivales empezaron a penetrar en ellos, no solo con mejores precios, sino también a través de productos de mas calidad, sustentada en la sinergia que lograban desarrollar mediante el trabajo en equipo, enfoque que abarcaba desde sus directores generales hasta el último de sus trabajadores.

Así, los vicios y deficiencias que otrora sirvieron de cómodas plataformas de intereses personales, se volvieron pesados lastres para la empresa: el aparente consenso presente en las reuniones de la alta dirección, era un terreno fangoso sobre el cual tenía que tomar decisiones el director general; la falta de trabajo en equipo había reducido a la empresa a un conglomerado de ínsulas de poder, por lo que su velocidad de respuesta era muy lenta y fragmentada, prevaleciendo las acusaciones mutuas sobre las propuestas constructivas; y por último, al calor de la crisis se reconoció que la información manipulada, antes tranquilizara de conciencias, no era mas que un falso tablero de control al que nadie hacía caso.

Y finalmente ese reino desapareció, producto de sus propias contradicciones, pues fue paradójico que a medida que sus señores feudales acumulaban en lo individual fuerza y poder, la empresa se hizo más vulnerable y no pudieron sobrevivir, ni los yo, ni el nosotros.

De aquí saqué mi propia conclusión: "Si cada uno de los integrantes del reino hace lo que le corresponde el reino estará perdido". Las personas deben apoyar a los demás para lograr los objetivos organizacionales y con esto se logra el pensamiento sistémico. Sabemos que administración es un proceso de lazo abierto para poder lograr que sea un sistema es la dirección quien debe cerrar el lazo por medio de indicadores de entrada, de proceso y de salida, con esto se logra el control (ver tema 4.7 control)

4.4. Educación.

Educar es una de las responsabilidades más importantes del directivo para lo cual debe detectar las necesidades de capacitación, vincular a universidades, diseñar talleres, conferencias y lo más importante educar en el proceso, en el área. En mayo del 2017 me pidieron apoyo para dirigir una pequeña empresa, lo primero que hice fue analizar la planeación, solo había en internet una pagina en la que definían la misión, visión , el giro de la empresa y especificaban el producto que se fabricaba, sin embargo, hacia dentro de la empresa no había absolutamente nada, estaban "administrando" a esta empresa como una bodega, sin objetivos, metas, indicadores, la contabilidad centralizada en el corporativo con demasiadas deficiencias. La persona que encontré a cargo con un buen nivel académico de ingeniería, pero con una actitud autocrática y otras más que afectaban totalmente la integración de las partes. Esto hacía que la empresa tuviera todo tipo de problemas. Sus conocimientos sobre los procesos de fabricación los obtuvo a como pudo y estaba dirigiendo personal sin conocimiento alguno. Trabajé para una empresa cervecera mexicana durante casi 23 años y una de las principales actividades a la que me dediqué durante todo ese tiempo fue a la capacitación en todos los niveles desde 1991. Cuando analicé esta empresa, en el 2017, fue como regresar más de 25 años en el pasado, personas con nivel académico elevado estaba teniendo los mismos problemas, inclusive los dueños cometiendo errores por desconocer lo que es la administración. Cuando una persona inicia con edad entre 25 y 30 años (no es una regla) en un puesto dirigiendo personas puede cometer muchos errores de dirección que repercuten en la eficiencia de la empresa, antes debe recibir capacitación por lo menos una evaluación sobre conocimientos de dirección.

La educación es el proceso de facilitar el aprendizaje o la adquisición de conocimientos, habilidades, valores, creencias y hábitos de un grupo de personas que los transfieren a otras personas, a través de la narración de cuentos, la discusión, la enseñanza, el ejemplo, la formación o la investigación[55]

La palabra «educación» procede del latín ēducātiō ("crianza") o de ēdūcō ("educo, entreno"), lo importante es que ēdūcere etimológicamente significa el promover al desarrollo (intelectual y cultural) del educando, es decir, desarrollar las potencialidades psíquicas y cognitivas propias del educando desde su intelecto y su conocimiento haciendo en tal proceso al educando activo

La capacitación es un proceso a través del cual se adquieren, actualizan y desarrollan conocimientos, habilidades y actitudes para el mejor desempeño de una función laboral o conjunto de ellas.[56]

Entender lo que significa educación y capacitación es muy importante, hemos escuchado por años "Curso de capacitación", desde mi punto de vista, si yo leo esto espero recibir un curso para ser instructor, para aprender a capacitar. Curso es una modalidad o herramienta que el instructor debe utilizar para desarrollar conocimientos, habilidades y actitudes. Son problemas de entendimiento o conocimiento de lo que estamos tratando; Los elementos de la capacitación son: Cursos, Seminarios, Conferencias, Talleres, platicas. Lo que se busca en este paso es educar, es decir, lograr el aprendizaje o la adquisición de conocimientos, habilidades, valores, creencias y hábitos de un grupo de personas. A lo que a mí respecta la educación es enseñar a las personas el porqué de las cosas y la

---

[55] https://es.wikipedia.org/wiki/Educación
[56] http://segob.guanajuato.gob.mx/sil/docs/capacitacion/La_funcion_de_la_capacitacion.pdf

capacitación el como realizar las cosas. Lo que se busca es mejorar la aptitud y actitud, saber hacer las cosas, poder hacerlas y querer hacerlas. Buscamos desarrollar el Capital Humano que represento en la siguiente ecuación:

CH=CE+CI, donde CH=Capital Humano, CE=Coeficiente emocional y CI=Coeficiente intelectual.

Cómo se mide el coeficiente intelectual. Acuñado por primera vez en 1912 por el psicólogo estadounidense William Stern, el cociente o coeficiente intelectual (CI) es un valor comúnmente asociado con el nivel de inteligencia, fruto de una serie de pruebas psicológicas.[57]

Interpretación de una puntuación de CI

CI	% de la población con este CI	Interpretación
121-130	6,4	Dotada
111-120	15,7	Inteligencia por encima de la media
90-110	51,6	Inteligencia media
80-89	15,7	Inteligencia por debajo de la media

Como ya saben, el coeficiente intelectual es un parámetro que sirve para determinar la inteligencia de las personas y de acuerdo con el CEDAT, los 87 puntos en promedio obtenidos por México se encuentran por debajo del promedio mundial, el cual es de 100 puntos, mientras que China resultó ser el país con gente más inteligente debido a que obtuvo 107 puntos.[58]

¿Qué es la inteligencia emocional?

La inteligencia emocional es la capacidad de comprender, utilizar y controlar nuestras emociones. La inteligencia emocional a veces

---

[57] Obtenido en la web
[58] https://www.unocero.com/noticias/los-mexicanos-tenemos-un-iq-por-debajo-del-promedio-mundial/

se abrevia como CE (o IE). Así como un CI alto puede predecir puntuaciones altas en los exámenes, un CE alto puede predecir el éxito en situaciones sociales y emocionales. La IE nos ayuda a construir relaciones sólidas, tomar buenas decisiones, y hacer frente a situaciones difíciles.[59]

Entonces CH=Capital Humano es el cúmulo de conocimientos de cada uno de los integrantes de la empresa desde la alta dirección hasta los operarios. El nivel de aptitudes o conocimientos adquiridos, así como el nivel de actitudes en su comportamiento. Estas aptitudes y actitudes son las que logran el verdadero desarrollo organizacional en las empresas privadas y publicas.

Anteriormente a las empresas les interesaba mucho que sus contratados obtuvieran el mejor CI, sin embargo, se han venido dando cuenta que por más CI que las personas tengan es más importante que tengan control en sus emociones, por lo tanto, el CE a adquirido mayor interés, es preferible contratar personas que no sepan pero que quieran y no personas que sepan y no quieran, a esto yo le doy un 0.3 de peso al CI y un 0.7 al CE, quedando de la siguiente manera:

CH=CE (0.7) +CI (0.3) …… Fórmula para obtener el Capital Humano.

4.5. Integración.

Cada uno de los pasos o fases de la administración nos llevan al siguiente paso, al lograr un buen nivel de Capital humano, es decir, un buen nivel de aptitudes y

---

[59] https://kidshealth.org/es/teens/eq-esp.html

actitudes, la integración de las personas hacia objetivos comunes es mucho más fácil. Todas las organizaciones están conformadas por seres humanos que son quienes logran el éxito o fracaso y esto depende de la experiencia, aptitudes y actitudes de cada uno de ellos. El trabajo en equipo frase que por más de 60 años se ha venido mencionando, los directivos han intentado integrar equipos de trabajo, sin embargo, muchas empresas han fracasado en el intento. En el año 1993 fui parte de la implementación de un cambio administrativo, mi función en esa época era de jefe de turno de mantenimiento electrónico e inicié el proceso para implementar el sistema de trabajo en equipo como Coordinador General de trabajo en equipo; fue una de las experiencias mas enriquecedoras que tuve, muy difícil de implementar debido a la casi, nula participación de los gerentes, jefes de departamento y supervisores. El cambio fue de abajo hacia arriba. A pesar de todo logramos realizar mejoras en la productividad de la empresa, a decir del contador general logramos incrementar de un 9% a un 35% las utilidades de la empresa. - "No sé lo que estén haciendo, no tengo forma de probar que lo que ustedes están realizando nos está dando muy buenos resultados, cuenta con todo mi apoyo para continuar". - Fueron las palabras del contador. Trabajar en equipo es contar con un sistema, no solo se trata de reunirse o apoyar. Trabajar en equipo es aplicar el proceso administrativo, es decir, Administrar equipos": Planeación, Organización, Dirección, Educación, Integración, innovación y control de equipos, de lo contrario estos se inician en total desorden como cualquier "empresa" y la mayoría desaparecen, muy pocas empresas continúan con este proyecto.

En la etapa de Planeación de la organización se toma la decisión si se trabajará bajo este esquema, en el paso de organización se diseña el organigrama con la estructura del sistema de trabajo en equipo, de lo contrario si no es propuesto desde la planeación y se forman equipos sin tomar en cuenta este sistema de trabajo en equipo, se va operando con doble estructura, la formal y la de trabajo en equipo. Esto hace que los gerentes, jefes y toda la estructura le de más importancia a lo formal que a esta estructura paralela de facilitadores, promotores, moderadores, lideres y equipos de trabajo, finalmente termina desapareciendo todo el esfuerzo realizado y si además agregan que la cabeza que dirigía a los equipos es de un nivel inferior lo gerentes no le tomarán la importancia requerida y no la considerarán dentro de sus obligaciones. En el año 1999 obtuvimos el primer lugar a nivel nacional de trabajo en equipo, evento realizado en Acapulco Guerrero, y ese año recibimos el premio a nivel nacional de Presidente de la República mexicana en turno, sin embargo, en septiembre del 2004 tuve que renunciar y a la llegada de un nuevo gerente todo el sistema desapareció, el nuevo gerente, una persona con nivel de maestría pero con perfil de autocrático desapareció todo el avance: -"La gente tiene que trabajar a fuerzas que para eso se le paga" fue una de sus frases que escuché al dirigirse a mi. Fue tan fuerte el retroceso que cayeron por niveles muy por debajo de como habíamos iniciado. Hasta el día de hoy la relación entre sindicato y empresa está totalmente desintegrada y los niveles de productividad cayeron enormemente.

4.6. Innovación.

La innovación es el resultado de la creatividad y la creatividad del nivel de Capital humano que se tenga en la empresa. Este será el resultado que nos arrojará llevar de la mejor manera cada uno de los pasos del proceso administrativo. Desde la planeación con objetivos, metas, especificaciones de clientes, etc., luego cuando se organiza se define el tipo de organigrama y con excelentes líderes dirigiendo, reeducando e integrando para lograr incrementar tanto su coeficiente intelectual como el emocional y esto dará la oportunidad a los integrantes de proponer ideas nuevas y con esto realizar mejoras en todos los procesos de la empresa.

La mejor definición de innovación y creatividad quizás es la de William Coyne: *"La creatividad es pensar en ideas nuevas y apropiadas, mientras que la innovación es la aplicación con éxito de las ideas dentro de una organización. En otras palabras, la creatividad es el concepto y la innovación es el proceso"* [60]

Las personas integradas y todas enfocadas hacia un fin común y con la educación necesaria para incrementar su CI y CE tendrán la creatividad para que juntos den las mejores ideas e implementarlas, esa es la respuesta al contador general de lo que estábamos haciendo para incrementar las utilidades en la organización: Trabajo en equipo todo un sistema de mejoramiento continuo que

---

[60] https://www.fundaciocreativacio.org/es/blog/el-blog-creativador/diferencia-entre-creatividad-e-innovacion/

muchos aún siguen sin entender y comprender. Recuerdo que hubo una invitación para asistir a Japón en coordinación con la JUSE (Unión de ingenieros japoneses) para conocer de cerca los círculos de calidad y en esa fecha 1998, iniciaban en Japón los equipos de alto desempeño o equipos auto controlados. Cabe mencionar, que, para los japoneses, el sistema de trabajo en equipo lo iniciaron por el 1960 y para el 1998 ya habían caminado un buen tramo, y nosotros apenas iniciábamos. Siempre traté de que quienes acudieran a esos eventos fueran los gerentes y jefes de departamento con la finalidad de que aprendieran. Al regreso uno de ellos se me acercó y me dijo "Lucas tus círculos de calidad ya no sirven, en Japón ahora son equipos de alto desempeño", se unió con otros gerentes para iniciar equipos de alto desempeño en paralelo al sistema de trabajo en equipo, lógicamente fueron un fracaso. Se les explicó que lo normal es que se inicia con círculos de calidad y el objetivo es adquirir habilidades y destrezas, aprendan a utilizar herramientas para el mejoramiento continuo, metodología de mejoramiento y algo muy importante aprender a trabajar en equipo. Estos equipos son como la primaria y los de alto desempeño ya son nivel postgrado. El error es no entender para qué son las cosas y esto lleva al fracaso total.

4.7. Control.

Hemos llegado al ultimo paso o fase de la metodología administrativa, es la etapa de verificación de resultados. Mencionaré con énfasis que aquí es donde se aplica la contabilidad una herramienta que sirve para ver los estados de resultados y el balance general, indicadores que en la planeación se determinaron, como resultados financieros, que los socios o dueños de la empresa requieren, para poder ganar y seguir invirtiendo, también en la administración pública se deben controlar las variables macro y microeconómicas. Indicadores como el EBITDA, ROE, producción, calidad, inventarios, variables de procesos, variables del producto, etc. En esta fase las variables de los objetivos estratégicos deben verificarse por lo menos cada mes para tener 12 datos al año. Los objetivos tácticos o departamentales por lo menos cada mes y los objetivos operativos algunos hasta cada hora, por turno, diarios, semanales y mensuales. Estos objetivos operativos deben estar perfectamente alineados a los objetivos departamentales y estos a su vez a los objetivos organizacionales. Si revisamos diariamente los objetivos operativos podemos asegurar el éxito de la estrategia organizacional. La teoría de control pudiera ser muy complicada para personas que no estudiaron carreras de ingeniería, sin embargo, su aplicación es muy sencilla, no se trata de aplicar matemáticas complejas. Debemos entender el concepto de control y poder aplicarlo de manera sencilla. Quizá hemos escuchado muchas veces control de calidad, control de producción, control estadístico, control de inventarios, etc., estos conceptos han sido muy estudiados y existe mucha información y es aceptable, sin embargo, debemos entender realmente que es control, el porqué a alguien se le ocurrieron estos conceptos de lo contrario se continuarán aplicando de manera equivocada o solo aquellos que hayan entendido podrán llevarlo a la práctica y tener éxito.

Conceptos de control de varios autores[61]
Much Galindo. -El control tiene como objetivo cerciorarse de que los hechos vayan de acuerdo con los planes establecidos.
Burt K. Scalan. -Es la regulación de las actividades, de conformidad con un plan creado para alcanzar ciertos objetivos.
Robert Eckles, Ronald Carmichael y Bernard Sarchet. -El proceso para determinar lo que se esta llevando acabo, valorizándolo y, si es necesario, aplicando medidas correctivas, de manera que la ejecución se desarrollo de acuerdo con lo planeado.
George R. Terry.-Consiste en verificar si todo ocurre de conformidad con el plan adoptado, con las instrucciones emitidas y con los principios establecidos
Henry Fayol.-La medición y corrección de las realizaciones de los subordinados con el fin de asegurar que tanto los objetivos de la empresa como los planes para alcanzarlos se cumplan eficaz y económicamente.

Hablaremos un poco de calidad, la definiremos de la manera más sencilla: calidad es el "cumplimiento de los requerimientos del cliente". En la fase de planeación se definieron los productos, clientes y sus especificaciones por lo tanto la calidad es cumplir con esos requerimientos. A lo largo de mi experiencia empresarial, aprendí de manera práctica lo que es control, se cree que control es igual a hacer, si hacemos estamos controlando y no es así, control es sinónimo de logro, es decir, si controlamos es debido a que logramos cumplir con dichas especificaciones y requerimientos, tan sencillo como cumplir con la fecha y hora de una cita, si la cita es a las 16:00, para asegurar la

---

[61] http://funcionadministrtivacontrol.blogspot.com/p/concepto-e-importancia.html

calidad en la cita, debes estar por lo menos 10 minutos antes. Debemos entender que control significa también estabilidad de la variable que se desea controlar, es decir, cuando decimos "tengo controlada la producción porque cumplo con los pedidos del cliente" o "todo está bajo control", sin siquiera haber definido la variable de control mucho menos que se haya medido, lo más seguro es que no se tenga control de nada. Es muy importante medir la variable de control, graficarla y analizar su comportamiento para determinar si la variable es estable o no, si la desviación estándar es adecuada o no. En teoría de control hay sistemas de lazo abierto y sistemas de lazo cerrado, por ejemplo, un sistema de lazo cerrado es un aire acondicionado el cual opera automáticamente de acuerdo con el set Point de temperatura deseada. Si la temperatura aumenta por arriba del set Point el sistema envía la señal para encender el compresor e iniciar el enfriamiento, si la temperatura se va por debajo del set Point el sistema manda parar el compresor, es decir, el sistema se auto-regula automáticamente por medio de un sensor de temperatura que es quien cierra el sistema. Con esta auto-regulación la variable se estabilizará sola a menos que exista alguna causa externa que haya afectado dicho control o que el sistema ya no cuente con energía.

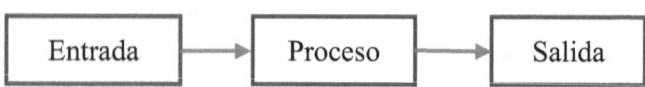

Fig. IV.1 Sistema de lazo abierto.

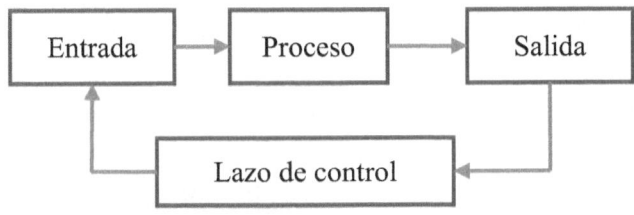

Fig. 4.2 Sistema de lazo cerrado.

Comentamos anteriormente que la naturaleza es un sistema de lazo cerrado, la salida de este sistema es vida por lo tanto el lazo de control es conocido como negentropía y entropía.

La negentropía se puede definir como la tendencia natural de que un sistema se modifique según su estructura y se plasme en los niveles que poseen los subsistemas dentro del mismo. Por ejemplo: las plantas y su fruto, ya que dependen los dos para lograr el método de negentropía.[62]

La negentropía, entonces, se refiere a la energía que el sistema importa del ambiente para mantener su organización y sobrevivir (Johannsen 1975). La entropía es la tendencia de un sistema que se agota conforme este utiliza energía de sus procesos y estos de sus insumos. De aquí entendemos que la negentropía es el lazo que busca estabilizar la salida del sistema. Con lo anterior pudiéramos decir qué, desde el punto de vista científico, quien controla la vida es la negentropía. Lo demás se lo dejo a Dios.

La administración es un sistema de lazo abierto y se deben diseñar indicadores de control para que se cierre este lazo. A continuación, se muestra un modelo del sistema de

---

[62] https://es.m.wikipedia.org/wiki/Neguentrop%C3%ADa

administración en la Fig. IV.3, se observa la representación gráfica del proceso administrativo básico, en forma secuencial, es decir, como si al terminar cada fase inicia la otra. En la práctica no es así, sobre todo si la empresa ya está operando, no podemos parar la empresa y borrón y cuenta nueva. Debemos analizar cuál es el nivel de implementación de cada fase y enfocarnos a la fase de control con la finalidad de dar continuidad a lo que se tiene o resolver de inmediato los problemas de calidad en el producto o servicio que se tiene. Mientras tanto se va revisando la implementación de cada fase de la administración.

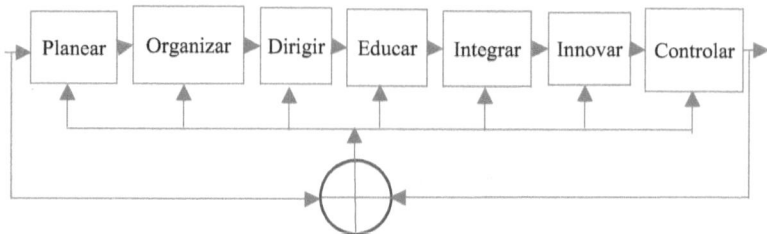

Fig. IV.3 Sistema administrativo básico con lazo de control.

En la siguiente Fig.IV.4 se representan las fases con mi punto de vista científico, metodológico y con un lazo cerrado de control. Ya dijimos que los sistemas con lazo de control cerrado se autorregulan, administración es un sistema de lazo abierto, para convertirlo en un sistema debemos buscar la manera de cerrar dicho lazo. Analicemos una vez más al sistema "naturaleza", desde el punto de vista científico es un sistema de lazo cerrado y se conoce como entropía o negentropía, es decir, quien controla a la naturaleza es su misma energía, los diferentes elementos de la naturaleza que ocasionan cambios ambientales. Si lo vemos desde el punto de vista teológico entonces quien controla la vida es Dios; de aquí podemos concluir que, quien debe controlar un sistema de lazo abierto como la administración debe ser el líder o responsable de dicho sistema. En el diagrama siguiente la dirección y la educación dan una salida hacia todas las demás fases, esto significa que la dirección debe estar presente en cada una de las fases para "controlar" que se realice de la manera más eficiente y la educación es en todas las fases para comunicar, cambiar actitudes y aptitudes para lograr el éxito.

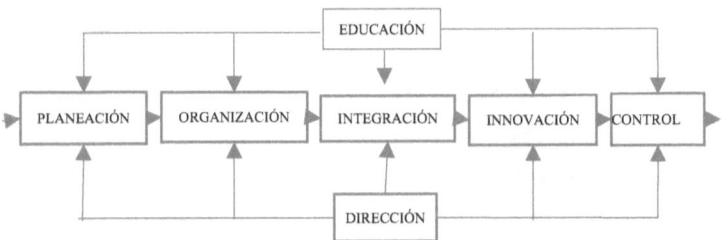

Fig. IV.4 Representación gráfica del sistema administrativo.

Modelo propuesto de administración.

Fig. 4.5 Modelo del sistema administrativo.

En el modelo podemos observar el contexto global de la empresa, el modelo de administración donde se muestran a todas las partes que la conforman como son proveedores, accionistas, personas, cada una de las fases de la administración de la empresa, aplicación de la administración en todos los procesos de la empresa buscando los mejores resultados hacia todas las partes y lo más importante enfocada a clientes. Este modelo esta sustentado en el sistema de liderazgo, cada responsable de los procesos debe dirigir, coordinar, asesorar, capacitar y facilitar todo lo que se requiera para que los que realizan el producto o servicio logren la máxima eficiencia en cada uno de los procesos. El sistema de información debe estar a disposición de todos con la finalidad de que la información pueda ser utilizada para la toma de decisión en el mejoramiento continuo de los procesos. El lazo de control lo componen el sistema de información y el sistema de liderazgo.

5. Conclusiones.

La inteligencia consiste no sólo en el conocimiento, sino también en la destreza de aplicar los conocimientos en la práctica.
Aristóteles.

En la segunda guerra mundial hubo muchos problemas de defectos de fabricación, muchos participaron para mejorar la operación de las empresas. Por ejemplo, propusieron que existiera un departamento de calidad, años después cambian su nombre al de aseguramiento de calidad. Para realizar mejoramiento continuo de la calidad implementan trabajo en equipo y aparece el área o departamento de trabajo en equipo. Muchas de estas iniciativas, con el tiempo, tienden a desaparecer cuando la dirección que apoya tal o cual iniciativa ya no está en la organización o debido a que la iniciativa ya es obsoleta y es necesario mejorarla. Debemos entender que cada área es responsable de lo que le corresponde y un poco más (pensamiento sistémico), si las personas solo hacen lo que les corresponde el reino estará perdido. El departamento de producción es el responsable de realizar los productos o servicios y es quien debe asegurar que cada producto cumpla con los requerimientos del cliente, no requieren de un departamento de calidad, cuando mucho de un laboratorio de análisis y recolección de datos. Es aquí donde cada líder debe tener la capacidad de unir las partes, de tener las competencias requeridas para poder hacerlo de manera sencilla. Una de las competencias que se deben buscar en cada líder es el "Pensamiento sistémico", es decir, la existencia de una interrelación entre todas las partes, funciones o departamentos y deben todas estar enfocadas a la visión de la empresa. Lo que aprendí a lo largo de 30 años en la empresa, es que, si el trabajo se divide tanto, se genera un problema de desintegración departamental, y una de las causas es que, la planeación que muchas veces no se comunica a todas las partes involucradas, diseñan objetivos departamentales y hasta personales por medio del cual los integrantes de la empresa son evaluados y éstos muchas veces se contraponen. Cada departamento o persona busca lograr sus objetivos sin analizar si la solución propuesta afecta a otros departamentos. Para resolver el problema entre departamentos implementaron el Outsorcing y este en lugar de venir a resolver el problema lo empeoraron. Actualmente es un problema mayor, ahora ya no es un problema interdepartamental, ahora es interempresarial. Lo que resolvía el problema interdepartamental no era el Outsorcing sino formar líderes con Pensamiento sistémico, es decir, lideres con la capacidad de análisis y síntesis para poder entender todo el sistema. Con un organigrama diseñado con las funciones necesarias para que la empresa pueda operar y para esto la administración debe ser aplicada de manera metodológica. No es difícil y no se requiere de un hombre súper poderoso para llevar al éxito a cualquier tipo de empresa, solo debemos aplicar la administración.

La presidencia y el consejo de administración, que normalmente son los dueños o quienes los dueños designan para administrar la empresa, deben diseñar el modelo de administración que se debe aplicar, poniendo el ejemplo de la aplicación del proceso administrativo general de nivel estratégico. La finalidad del organigrama es que a cada una de las áreas conozcan sus responsabilidades, requerimientos y recursos necesarios tanto financieros, materiales como de competencias, de igual manera deben entender perfectamente cada a uno de los pasos de la administración y cual es su participación en cada uno de ellos.

El problema que se presenta, cuando los dueños o directivos de primer nivel no tienen el conocimiento de la administración y contratan a una persona para gerenciar su empresa, es que no apoyan al 100% la aplicación de la administración de ese nivel hacia abajo, cometen errores básicos, como por ejemplo uno de los principios fundamentales en el organigrama, "Jerarquización" y brincan la autoridad del responsable directo ocasionando problemas de comunicación, falta de objetivos claros, políticas, etc. Eso genera problemas fuertes hacia abajo de integración, conflictos entre clientes, proveedores y lo mas seguro es que la empresa tarde o temprano desaparezca.

¿Qué es administración?

"Es una metodología cíclica y aplicable a cualquier empresa, organización, institución lucrativa o no lucrativa, privada o de gobierno con la finalidad lograr objetivos para lo cual fueron creadas".

"Es el proceso de planear, organizar, dirigir, educar, integrar, innovar y controlar aplicado a cualquier empresa, organización, institución lucrativas o no lucrativas, privadas o de gobierno con la finalidad lograr objetivos para lo cual fueron creadas".

Cuando se tiene el nuevo paradigma de lo que es administración, cuando uno lee, escucha o escribe esa palabra uno ya está pensando en el proceso metodológico y sistemático, es decir, si yo leo "administración" de la producción lo que entiendo y debo aplicar es planear la producción, organizar la producción, dirigir la producción, educar a los de producción, innovar en la producción y controlar la producción. Si leo administración de la educación, debo planear, organizar, dirigir, educar, integrar, innovar y controlar la educación. Si quiero administrar al país debo planear, organizar, dirigir, educar, integrar, innovar y controlar al país; de igual manera, cuando leamos por ejemplo control sabemos que es la medición de lo que se planeó y que es sinónimo de lograr, si tengo control de algo es porque estoy logrando lo que se propuso en la planeación. Por eso, cuando leo proceso "administrativo" me imagino que estamos hablando del proceso de planear, organizar, dirigir, educar, integrar, innovar y controlar. En estadística se tienen las graficas de control su aplicación es precisamente para observar el comportamiento de la variable a controlar y debemos entender que podemos tener una variable del proceso estable o bajo control estadístico, es decir, con una desviación estándar mínima, el control estadístico sirve para saber si la variable está estable o no. Primero debemos estabilizar la variable y luego determinar si está o no cumpliendo con las especificaciones.

¿Hay diferencia entre administración pública y administración de empresas?

No existe ninguna diferencia, la metodología se aplica de igual manera a toda organización que busque objetivos. La administración aplicada en el gobierno debe ser sencilla llevando a cabo cada uno de los pasos del proceso.

El presidente de la república o dirigente de cualquier país sea capitalista, socialista o comunista, con el modelo político o económico que ellos decidan implementar, debe empezar por la planeación diseñando la misión de gobierno, la situación actual en que están, la visión, etc. Se deben organizar de tal manera que sea un equipo que busque lo planeado, dirigir para asegurar lo planeado, educar para que se logren las competencias en los diferentes niveles, integrar las partes, innovar y controlar para comparar lo planeado contra lo logrado.

Actualmente México está organizado por tres poderes, el ejecutivo, legislativos y judicial, constitucionalmente separados para que cada uno sea independiente. El ejecutivo se organiza con la secretaría de gobernación, relaciones exteriores, educación pública, de salud, de hacienda y crédito público, de economía, de la defensa nacional, de marina, de desarrollo social, medio ambiente y recursos naturales, de energía, de agricultura, de ganadería, de desarrollo rural, pesca y alimentación, de comunicaciones y transporte, del trabajo y previsión social, de desarrollo agrario, territorial y urbano y la de turismo. Podemos observar que la idea sigue siendo la misma desde hace muchos años. En los primeros intentos de organizar al país crearon la hacienda pública, el colegio militar, la marina armada. Pasaron muchas cosas hasta llegar a nuestros días con la organización actual que se tiene en el poder ejecutivo. Lo importante aquí es analizar de manera breve para poder mejorar e innovar la manera de organizar a nuestro país. Porque no en lugar de verlas como necesidades del país se ven desde el punto de vista de "dirigir" al país; por ejemplo, un ejecutivo Federal y en cada estado un ejecutivo estatal y por ultimo el ejecutivo municipal, de esta manera tenemos una dirección integrada que busca una sola visión de país. El problema actual que yo observo en la organización del gobierno es la desintegración que existe, cada uno lo ve desde su trinchera y a como se acomode, no existe una visión de país que integre las partes. Eso lo veremos en el siguiente libro: Administración pública dese el punto de vista de la ingeniería industrial.

Bibliografía

Teoría general de la administración, Zacarías Torres Hernández, Grupo Editorial Patria, primera reimpresión: 2017.

Introducción a la teoría general de la administración, quinta edición, Idalberto Chiavenato, Mc Graw Hill, 2000.

Lo que se aprende en los mejores MBA, María de Jesús Martínez responsable, Gestión 2000, 2ª edición 2001.

La inteligencia emocional en la empresa, Daniel Goleman, Javier Vergara editor, 1999.

Retos riesgos de la calidad total, Alfredo Acle Tomasini, Grijalbo, 1994.

Curso sobre administración pública federal, Justo Nava Negrete, Editorial Porrúa, primera edición: 2016.

Planificación de la empresa del futuro, Russel Ackoff, México, Limusa 1992.

Planificación estratégica y control total de a calidad, Acle Tomasini, México, Grijalbo, 1995.

Empresas que perduran, James C. Vollins /Jerry I. Porras, editorial norma.

www.ingramcontent.com/pod-product-compliance
Lightning Source LLC
Chambersburg PA
CBHW021437210526
45463CB00002B/547